Coconut Cooking

Da, iss die Kokosnuss!

Hannah Frey

Aloha!

SCHMACHT NACH SONNE, STRAND UND MEER? DANN HOL DIR DIE SÜDSEE DOCH NACH HAUSE! DENN DIE KOKOSNUSS KANN NOCH VIEL MEHR ALS NUR LECKER.

Coco up your life

Das Allroundtalent bringt mit seinen Nährstoffen deine Haut und Haare zum Strahlen. So healthy und happy hast du dich noch nie gefühlt.

Wir haben hier für dich das Wichtigste und Aktuellste zur Kokosnuss gesammelt. Überall erwarten dich happy healthy Rezepte für Food & Body und geniale Facts & Hacks. Damit kannst du bei der nächsten Piña Colada Session ordentlich trumpfen. Trau dich! Fang an. Hier wird ausprobiert, wild experimentiert und neu entdeckt. Denn Kochen ist nicht nur Nahrungsaufnahme, sondern Genuss, Lifestyle und macht Spaß! Teile dein Glück unter #happyhealthykitchen und hol dir ein paar Likes bei deinen Freunden ab! Denn geteilter Genuss ist doppeltes Glück.

Stay healthy! Feel happy!

Inhalt

DIE GU-QUALITÄTS-GARANTIE

Wir möchten Ihnen mit den Informationen und Anregungen in diesem Buch das Leben erleichtern und Sie inspirieren, Neues auszuprobieren. Bei jedem unserer Bücher achten wir auf Aktualität und stellen höchste Ansprüche an Inhalt, Optik und Ausstattung. Alle Rezepte und Informationen werden von unseren Autoren gewissenhaft erstellt und von unseren Redakteuren sorgfältig ausgewählt und mehrfach geprüft. Deshalb bieten wir Ihnen eine 100 %ige Qualitätsgarantie.

Darauf können Sie sich verlassen:
Wir legen Wert darauf, dass unsere Kochbücher zuverlässig und inspirierend zugleich sind.
Wir garantieren:
- dreifach getestete Rezepte
- sicheres Gelingen durch Schritt-für-Schritt-Anleitungen und viele nützliche Tipps
- eine authentische Rezept-Fotografie

Wir möchten für Sie immer besser werden:
Sollten wir mit diesem Buch Ihre Erwartungen nicht erfüllen, lassen Sie es uns bitte wissen! Wir tauschen Ihr Buch jederzeit gegen ein gleichwertiges zum gleichen oder ähnlichen Thema um. Nehmen Sie einfach Kontakt zu unserem Leserservice auf. Die Kontaktdaten unseres Leserservice finden Sie am Ende dieses Buches.

GRÄFE UND UNZER VERLAG
Der erste Ratgeberverlag – seit 1722.

3 Aloha!

Coconutty Breakfast

- 8 Fruity Kokos-Mango-Overnight-Oats
- 10 Piña-Colada-Pudding mit Chia-Samen
- 12 Trendy Himbeer-Kokos-Smoothie Bowl
- 16 Kokos-Buchweizen-Granola
- 18 Glutenfreies Zwiebel-Kokos-Brot mit Frischkäse
- 22 Chocolate-Coco Dream Cream
- 24 Kokos-Zwiebel-Schmalz

Soups & Salads

- 28 Raw Veggie Salad mit Kokosnussfleisch
- 30 Summerday Salad mit Kokosblüten-Vinaigrette
- 32 Karibik-Salat mit Garnelen-Kokos-Spieß
- 36 Sweet & Spicy Banana-Soup
- 38 Creamy Zucchini-Soup
- 40 Thai-Chicken-Coconut-Soup

Cocolicious Meals

- 46 Coconut-Curry-Bowl
- 48 Easy-Peasy Wirsing-Curry
- 50 Hot Green-Chickpea-Curry
- 54 Auberginen in Kokossauce
- 56 Creamy Pilz-Kokos-Risotto

- 58 Baked Chili-Coconut-Polenta
- 60 Coco-Crispy Kürbis-Flammkuchen
- 64 Meatballs in Kokos-Tomaten-Sauce
- 66 Easy Lemon-Chicken mit scharfem Gurkensalat
- 68 Crusty Salmon mit Mangochutney
- 70 Fisch im Knusperbackteig

Sweet Vibes

- 74 Grilled Peaches mit Kokos-Minz-Joghurt
- 76 Better-Day Rice-Pudding mit Mango-Mohn-Sauce
- 78 Sweet and Spicy Baked Bananas
- 82 Kokos-Ananas-Backmix
- 84 Sunday Lime-Cheesecake
- 86 Zucchini-Kokos-Muffins
- 88 Kokos-Cookies
- 92 Watermelon Popsicles
- 94 Matcha-Nicecream
- 96 Dark Vanilla-Coconut-Pralinés
- 97 Snow-White Coconut-Pralinés

Specials

- 6 Coconutty Benefits
- 14 All about Kokos
- 20 All about Kokos
- 34 Kokos Wiki
- 42 Kokos-Facts
- 53 Dosen Upcycling
- 73 How-to: Knack die Nuss
- 91 Coconutty Body-Scrub
- 101 Best Body Butter
- 107 Kokos-Minz-Zahncreme
- 113 Natürlicher HaargeNuss
- 119 Tropicana Massageöl

Healthy Snacks

- 98 Fruity Energy-Balls
- 102 Spicy Kokos-Curry-Chips
- 103 Fried Coco-Onion-Rings
- 104 Kicher-Roasties

Happy Drinks

- 108 Lovely Blueberry-Cream
- 110 Dream-Team-Smoothie mit Matcha und Banane
- 114 Schoko-Bananen-Shake
- 116 Tropical Strawberry-Mocktail

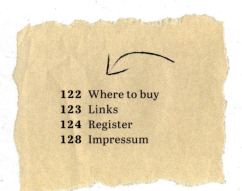

- 122 Where to buy
- 123 Links
- 124 Register
- 128 Impressum

Coconutty Benefits

MIT KOKOSNUSS BRINGST DU
GANZ SCHNELL UND WIRKLICH EINFACH
HAPPINESS & HEALTH IN DEIN LEBEN.
NACH DEM MOTTO: SIMPLY THE BEST!
UND WARUM DAS SO IST,
SIEHST DU HIER AUF EINEN BLICK …

Nur das Beste für dich

Die Kokosnuss hat's echt in sich: Sie steckt voller hochwertiger Inhaltsstoffe und ist ein »vollständiges« Lebensmittel – das bedeutet, dass der Mensch sich über Wochen oder gar Monate hinweg ausschließlich von Kokosnüssen ernähren könnte, ohne wirklich Mangelerscheinungen zu bekommen.

Stay healthy

Kokosöl enthält sogenannte Polyphenole, die zu den wertvollen Antioxidantien zählen. Sie schützen den Körper vor freien Radikalen und oxidativem Stress und helfen so Diabetes, Arteriosklerose, Alzheimer, Herz-Kreislauf-Erkrankungen und sogar Krebs vorzubeugen. Um jedoch das volle Potenzial der Antioxidantien ausschöpfen zu können, solltest du unbedingt natives Kokosöl verwenden – nur darin sind sie in vollem Umfang enthalten.

Nährstoffpower für den Body

Nach jedem Workout braucht der Körper ein isotonisches Getränk, um den Flüssigkeitsverlust wieder auszugleichen. Ein Glas kühles Kokoswasser ist genau das Richtige – denn die Zusammensetzung von Kokoswasser ähnelt der des menschlichen Blutes und liefert deinem Körper die Mineralstoffe und Vitamine, die er jetzt braucht. Im Ersten Weltkrieg hat man es daher sogar als Plasmaersatz verwendet! Außerdem hat Kokoswasser weniger Kalorien als so manch anderes isotonisches Getränk – der Sport soll ja nicht umsonst gewesen sein!

Food for Fit

Die mittelkettigen gesättigten Fettsäuren, die im Kokosöl von Natur aus drin sind, sind übrigens super gesund! Sie senken nämlich nicht nur das »schlechte« LDL-Cholesterin, sondern erhöhen gleichzeitig auch das »gute« HDL-Cholesterin im Blut. Außerdem sind sie leicht verdaulich und damit eine echt schnelle Energiequelle für den Körper.

Feel happy

Kokosblütenzucker und -sirup haben einen niedrigen glykämischen Index (GI) und sind gut für den Blutzuckerspiegel, weil der damit nur ganz langsam ansteigt. Diesen Effekt kannst du auch sofort spüren, denn er sorgt für gute Stimmung und beugt lästigen Heißhungerattacken vor.

Fruity Kokos-Mango-Overnight-Oats

Good Morning: Hier kommt das Muntermacher-Frühstück für Eilige: Einfach schon am Vortag zubereiten, morgens nur noch frische Früchte drauf und genießen.

FÜR 2 PERSONEN
ZUBEREITUNGSZEIT: 10 MIN. |
RUHEZEIT: 12 STD.
PRO PORTION: CA. 520 KCAL |
10 G E | 33 G F | 42 G KH

→ 1 Mango
→ ½ Vanilleschote
→ 200 g Kokosmilch
→ 100 ml Hafermilch
→ 1 Prise Zimt
→ 60 g Vollkorn-Haferflocken
→ 1 Kiwi
→ 20 g Kokosnussfleisch (ersatzweise Kokosraspel)
→ 20 g Pekannusskerne

1. Die Mango mit dem Messer schälen, das Fruchtfleisch mit einem scharfen Messer vom Stein schneiden und anschließend würfeln. Die Vanilleschote aufschlitzen und das Mark herausschaben. Die Mangowürfel mit der Kokosmilch, der Hafermilch, dem Zimt, der Vanille und den Vollkorn-Haferflocken in einen Standmixer geben und fein pürieren. Über Nacht abgedeckt in den Kühlschrank stellen.

2. Am nächsten Morgen die Overnight-Oats auf zwei Schalen oder Gläser verteilen. Bei der Kiwi die Enden schmal abschneiden, die Frucht schälen und mit dem Messer in mundgerechte Stücke schneiden. Das Kokosnussfleisch auf einer Reibe raspeln und die Pekannüsse grob hacken. Zum Servieren die Kiwistücke, Kokosraspel und Pekannüsse dekorativ auf die Overnight-Oats geben.

Nice Try

Für Kokos-Limette-Overnight-Oats 2 EL Limettensaft mit 200 ml Kokosmilch, 80 g Vollkorn-Haferflocken und 20 g frisch geraspeltem Kokosnussfleisch im Standmixer pürieren. Auf zwei Schalen oder Gläser verteilen. Je 20 g Mandeln und Pistazienkerne grob hacken und mit etwas abgeriebener Limettenschale daraufgeben. Über Nacht abgedeckt in den Kühlschrank stellen und am nächsten Morgen servieren.

Coconutty Breakfast

Piña-Colada-Pudding mit Chia-Samen

FÜR 2 PERSONEN
ZUBEREITUNGSZEIT: 10 MIN. |
RUHEZEIT: 30 MIN.
PRO PORTION: CA. 560 KCAL |
11 G E | 46 G F | 21 G KH

→ 40 g Chia-Samen
→ 300 g Kokosmilch
→ 1 Msp. gemahlene Vanille
→ ½ Ananas
→ 20 g Kokosnussfleisch (ersatzweise Kokosraspel)
→ 20 g Macadamianusskerne

1. Die Chia-Samen in die Kokosmilch rühren, die Vanille hinzugeben und die Mischung ein paar Minuten quellen lassen. Inzwischen die Ananas mit einem Messer schälen, das Fruchtfleisch würfeln und im Standmixer fein pürieren. Das Ananaspüree auf zwei Gläser verteilen.

2. Die Kokos-Chia-Samen-Mischung noch einmal durchrühren, auf das Ananaspüree in die Gläser geben und diese abgedeckt mindestens 30 Min., besser über Nacht, in den Kühlschrank stellen und den Pudding ziehen lassen.

3. Zum Servieren das Kokosnussfleisch nicht zu fein raspeln. Die Macadamianüsse mit einem Messer grob hacken. Die Kokosnussraspel und Macadamianüsse über den Chia-Pudding geben.

Tausch mal!

Eine halbe Papaya schälen und entkernen. Das Fruchtfleisch mit 2 EL Kokosmilch fein pürieren und auf zwei Schalen verteilen. Etwa 300 ml Kokosmilch mit 1 Msp. gemahlener Vanille und 40 g Chia-Samen verrühren und über das Papaya-Mus geben. Über Nacht oder mindestens 30 Min. im Kühlschrank quellen lassen. Am nächsten Morgen 20 g Kokosnussfleisch raspeln, 20 g Pistazienkerne hacken und beides über den Pudding geben.

Coconutty Breakfast

Trendy Himbeer-Kokos-Smoothie-Bowl

Mit Chia und Kokos wird aus dem feinen Fruchtmus ganz schnell leckeres Superfood. An die Löffel, fertig, los!

FÜR 2 PERSONEN
ZUBEREITUNGSZEIT: 10 MIN.
PRO PORTION: CA. 380 KCAL |
9 G E | 28 G F | 20 G KH

→ 1 Banane
→ 40 g Kokosnussfleisch (ersatzweise Kokosraspel)
→ 140 g Himbeeren
→ 2 EL Chia-Samen
→ 100 g Kokosmilch
→ 20 g Walnusskerne

1. Die Banane schälen und in grobe Stücke schneiden. Die Hälfte des Kokosnussfleischs klein schneiden. Die Himbeeren behutsam waschen und trocken tupfen.

2. Das zerkleinerte Kokosnussfleisch mit 120 g Himbeeren und 1 EL Chia-Samen in den Standmixer geben. Die Kokosmilch dazugießen und alles kurz auf höchster Stufe fein pürieren. Das Kokos-Chia-Fruchtpüree auf zwei Schalen verteilen.

3. Die Walnusskerne grob hacken und das restliche Kokosnussfleisch raspeln. Die Bowls mit dem geraspelten Kokosnussfleisch, den übrigen Himbeeren, den restlichen Chia-Samen und den gehackten Walnüssen garnieren.

Nach Lust & Laune

Die Früchte für die Smoothie-Bowl kannst du je nach Saison und Vorlieben ganz einfach austauschen. Im Frühsommer schmecken Erdbeeren und Kiwi besonders gut, im Sommer Trauben und Kirschen, im Herbst Brombeeren und Pflaumen.

Voll vielfältig

Aus dem Kokoswasser bildet sich das KOKOSNUSSFLEISCH – eine 1–2 cm dicke Schicht unter der harten Schale. Dazu muss die Kokosnuss etwa 12 Monate reifen. Kokosnussfleisch kann frisch gegessen werden, hält sich im Kühlschrank gut verpackt 2–3 Tage und lässt sich auch tiefkühlen. Aus dem Kokosnussfleisch wird Kokosöl, -milch, -chips, -raspel, -mehl und -mus gewonnen.

Optimal für Sportfreaks!

Das leicht trübe, süßliche KOKOSWASSER stammt aus dem Inneren der jungen, noch grünen Kokosnuss. Am besten schmeckt es, wenn es ganz frisch direkt aus der Kokosnuss getrunken wird. Es ist fett- und kalorienarm und strotzt vor Mineralstoffen wie Kalzium, Kalium, Natrium, Eisen und Magnesium. Wegen seiner isotonischen Wirkung ist es ein optimaler Durstlöscher beim Sport oder Work-out.

All about Kokos

DU KANNST PRAKTISCH ALLES VON DER KOKOSNUSS VERWERTEN: VON DER HARTEN SCHALE BIS ZUM »HOHLEN« KERN. ALLE PRODUKTE AUS KOKOSNUSSFLEISCH UND -WASSER SCHMECKEN MEGA LECKER UND BRINGEN DEN HEALTHY KICK IN DEINE KÜCHE!

After-Work-out-Drink

Aus 200 ml Kokoswasser, 50 ml Apfelsaft und 1 Prise Salz wird im Nu ein isotonischer FITNESS-DRINK. Der gleicht deine Mineralstoff- und Flüssigkeitsverluste wieder aus und liefert neue Energie!

Statt Sahne

Für KOKOSSAHNE kannst du die dickflüssige bis feste, fettreiche Creme abschöpfen, die sich nach einer Weile oben auf der Kokosmilch absetzt. Einfach mit den Quirlen des Handrührgeräts wie herkömmliche Sahne gut gekühlt steif schlagen. Nicht überschlagen, sonst gerinnt sie!

Homemade-Kokosmilch

FÜR CA. 1 L KOKOSMILCH

200 g frisches, zerkleinertes Kokosnussfleisch oder Kokosraspel in ein Gefäß geben, mit 1 l kochendem Wasser übergießen und 10 Min. quellen lassen. Etwa 3 Min. mixen, danach abkühlen lassen. Die selbst gemachte Kokosmilch durch ein sauberes Küchentuch in ein Gefäß abfließen lassen. Im Kühlschrank aufbewahrt und gut verpackt ist sie 3–4 Tage haltbar. Die Kokosraspel können bis zu zwei Mal verwendet werden. Anschließend kannst du daraus sogar noch dein eigenes Kokosmehl herstellen (s. S. 20).

Super für Veganer!

KOKOSMILCH entsteht nicht in der Kokosnuss! Um die vegane, laktosefreie Milch zu erhalten, wird das frische Fruchtfleisch reifer Kokosnüsse – oder alternativ getrocknete Kokosraspel – mit Wasser püriert und filtriert. Kokosmilch, auch Kokoscreme genannt, kann statt Sahne verwendet werden. Mit Joghurtkulturen versetzt, gewinnt man daraus eine vegane Kokos-Joghurtalternative.

Kokos-Buchweizen-Granola

Mehr als nur ein Frühstücks-Topping:
Der selbst gemachte Müsli-Mix macht
sogar als crunchy Knabbermischung
eine ganz gute Figur.

FÜR 2 PERSONEN
ZUBEREITUNGSZEIT: 15 MIN.
PRO PORTION: CA. 265 KCAL |
6 G E | 17 G F | 22 G KH

→ 20 g Mandelkerne
→ 1 EL Kokosöl
→ 50 g Buchweizen
→ 10 g gepuffte Quinoa
→ ½ TL Zimt
→ 1 Msp. gemahlene Vanille
→ 20 g Kokos-Chips

1. Die Mandeln mit einem Messer grob
hacken. Das Kokosöl in einer Pfanne erhitzen. Den Buchweizen, die gepuffte Quinoa
und die gehackten Mandeln hineingeben
und etwa 10 Min. unter Rühren in der
Pfanne rösten, bis es duftet.

2. Die Pfanne vom Herd ziehen. Den Zimt,
die Vanille und die Kokos-Chips zugeben,
gründlich untermischen und das Granola
anschließend abkühlen lassen, dabei immer wieder mal durchrühren.

3. Zum Lagern das Granola vollständig
auskühlen lassen und dann in ein dicht
schließendes Gefäß geben. Das Granola
schmeckt besonders gut als Topping auf
Overnight-Oats (s. S. 8), Chia-Pudding
(s. S. 10) oder Frühstücksbowls (s. S. 12).

Supersize me!

In einem luftdicht verschlossenen
Glas ist das Granola mindestens
3 Monate haltbar, sodass du ruhig
auch gleich eine etwas größere
Menge zubereiten kannst. Oder
auch mehrere Varianten, zum Beispiel mit Hasel- oder Walnüssen,
Buchweizen, Rosinen …

Coconutty Breakfast

Glutenfreies Kokos-Brot mit Frischkäse

FÜR 1 BROT (16 SCHEIBEN)
ZUBEREITUNGSZEIT: 15 MIN. |
BACKZEIT: 50 MIN.
PRO PORTION: CA. 150 KCAL |
8 G E | 11 G F | 2 G KH

- 2 Schalotten
- 2 EL Kokosöl
- 200 g körniger Frischkäse
- 2 EL Apfelessig
- 5 Eier (M)
- 100 g gemahlene Mandeln
- 50 g geschälte Hanfsamen
- 50 g Sonnenblumenkerne
- 50 g Chia-Samen
- 50 g Leinsamen
- 40 g Kokosmehl
- 1 TL Salz
- 2 EL Backpulver

AUSSERDEM
- 1 Kastenform (ca. 25 × 11 cm)

1. Die Schalotten schälen und in kleine Würfel schneiden. Das Kokosöl in einer Pfanne erhitzen und die Schalotten darin glasig dünsten, dann vom Herd ziehen und vollständig abkühlen lassen. Den Backofen auf 175° vorheizen. Die Kastenform mit Backpapier auslegen.

2. Den Frischkäse mit dem Apfelessig und mit den Eiern verrühren. In einer zweiten Schüssel die gemahlenen Mandeln mit den Hanfsamen, den Sonnenblumenkernen, den Chia-Samen, den Leinsamen, dem Kokosmehl, dem Salz und dem Backpulver vermengen. Die Schalotten und die Frischkäse-Ei-Mischung unterrühren.

3. Den Teig in die vorbereitete Form geben, glatt streichen und in ca. 50 Min. im vorgeheizten Ofen (Mitte) goldbraun backen. Falls das Brot zu stark bräunt, rechtzeitig mit Alufolie abdecken. Die Stäbchenprobe machen, das fertige Brot aus dem Ofen nehmen, aus der Form auf ein Gitter stürzen und abkühlen lassen.

Und on top?

Weil der Teig gar nicht gehen muss, ist das Brot im Handumdrehen gemacht. Genauso fix ist das Kokos-Zwiebel-Schmalz (s. S. 24) gerührt – das passt perfekt dazu.

Coconutty Breakfast

Quick 'n' tasty

Voll fett

Natives KOKOSÖL wird aus kalt ge-presstem, frischem Kokosnussfleisch gewonnen. Das sonst feste Öl wird bei Temperaturen über 24 °C flüssig. Da es sehr hitzestabil ist, eignet es sich super zum Braten und Kochen. Beim Backen kann es Butter oder Margarine problemlos ersetzen – statt 100 g Butter brauchst du sogar nur 80 g Kokosöl.

Kleine Snack-Attack?

KOKOSRASPEL, -CHIPS und -FLAKES sind das getrocknete, fein oder grob geraspelte Kokosnussfleisch. Sie schmecken pur oder geröstet, einfach so zum Knabbern, als Topping auf Müsli, Bowls und Co. oder als Panade. Das Tolle: diese Chips machen nicht dick, versprochen!
Kennst du »BULLETPROOF COFFEE®«? Der Kaffeetrend aus den USA dient als Früh-stücksersatz: 200 ml Kaffee mit 1 EL Butter und 1 EL Kokosöl im Standmixer cremig aufschlagen und ohne Milch und Zucker trinken.

All about Kokos

KOKOSÖL, -MEHL, -RASPEL UND CO. HABEN ES ECHT IN SICH. DIE SIND NICHT NUR GESUND, SONDERN SOGAR FÜR GLUTEN-INTOLERANTE GEEIGNET. HIER GIBT'S NOCH MEHR HEALTHY FACTS ÜBER KOKOSPRODUKTE UND IHRE VERWENDUNG.

Statt Zucker

Gewonnen aus den Blütenständen der Kokospalme, wird der süße Nektar zunächst eingekocht zu KOKOSBLÜTEN-SIRUP und anschließend kristallisiert zu KOKOSBLÜTENZUCKER. Sein niedriger glykämischer Index sorgt dafür, dass der Blutzuckerspiegel nur langsam ansteigt. Fiese Heißhungerattacken auf Süßes bleiben so aus!

DIY-Kokosmehl

Aus feuchten Kokosraspeln, die beim Selbermachen von Kokosmilch (s. S. 15) übrig bleiben, wird ganz einfach KOKOS-MEHL: Die Kokosraspel dünn auf ein mit Backpapier belegtes Blech streichen und im Backofen (Mitte) bei 60° ca. 1 Std. backen. Dabei gelegentlich wenden, damit sie nicht anbrennen und gleichmäßig trocknen. Anschließend abkühlen lassen und im Standmixer fein mahlen. Luftdicht verpackt hält das Kokosmehl an einem dunklen Ort bis zu 1 Jahr.

Creamy Coconut

KOKOSMUS wird auch als KOKOSBUTTER oder KOKOSNUSSCREME bezeichnet. Das zu einem feinen Brei vermahlene Frucht-fleisch der frischen Kokosnuss kann im Hochleistungsmixer auch selbst hergestellt werden. Mega lecker in Smoothies, Cocktails, Dips oder Currys. Oder einfach ganz pur auf's Brot.

No Need for Wheat

KOKOSMEHL ist gluten- und cholesterin-frei, kohlenhydratarm sowie protein- und ballaststoffreich. Das getrocknete, entölte und gemahlene Fruchtfleisch der reifen Kokosnuss kann Weizenmehl um einiges toppen. Beim Backen benötigst du nur etwas mehr Flüssigkeit und Eier als bei Weizenmehl. Als Faustregel gilt: 1 Ei je 30 g Kokosmehl.

Chocolate-Coco-Dream-Cream

Einfach oberschokoladig gut: So einfach kann leckere Creme sein. Das Leben ist schließlich schon kompliziert genug!

FÜR 1 GLAS (6 PORTIONEN)
ZUBEREITUNGSZEIT: 5 MIN.
PRO PORTION: CA. 145 KCAL |
3 G E | 13 G F | 4 G KH

→ 100 g Kokosnussfleisch (ersatzweise Kokosmus)
→ 1 Msp. gemahlene Vanille
→ 1 EL Kokosblütensirup
→ 2 EL rohes Kakaopulver

AUSSERDEM
→ 1 Glas (ca. 150 ml Inhalt)

1. Das Kokosnussfleisch in Stücke schneiden und im Hochleistungsmixer zu feinem Kokosmus pürieren. Das Kokosmus in eine kleine Schüssel geben.

2. Die gemahlene Vanille, den Kokosblütensirup und das Kakaopulver hinzufügen und alles mit einer Gabel gründlich vermischen. Die Mischung in ein verschließbares Glas füllen und bis zum Verzehr im Kühlschrank lagern.

3. So gut verpackt und im Kühlschrank aufbewahrt, ist die Chocolate-Coco-Dream-Cream etwa 2 Wochen haltbar. Damit sie streichzart wird und ihr Aroma entfalten kann, sollte sie Zimmertemperatur haben – einfach 10–15 Min. vor dem Verzehr aus dem Kühlschrank nehmen.

Make it crunchy!

Für eine crunchy Schoko-Kokos-Creme rührst du ganz einfach zusätzlich 2 EL Kokosraspel oder auch Kakao-Nibs unter die Mischung.

Coconutty Breakfast

Kokos-Zwiebel-Schmalz

Ob zum Frühstück, als Pausensnack oder für leckere Partyhäppchen: Wurst und Käse waren gestern. Hier gibt's fett was auf's Brot!

FÜR 1 GLAS (8 PORTIONEN)
ZUBEREITUNGSZEIT: 5 MIN.
PRO PORTION: CA. 95 KCAL |
1 G E | 9 G F | 2 G KH

→ 100 g Zwiebeln
→ 1 TL Kokosöl
→ 100 g Kokosmus
→ ½ TL getrockneter Oregano
→ ¼ TL getrockneter Thymian
→ Salz | Pfeffer

AUSSERDEM
→ 1 Glas (ca. 220 ml Inhalt)

1. Die Zwiebeln schälen, halbieren und fein hacken. Das Kokosöl in einer Pfanne erhitzen und die Zwiebeln unter gelegentlichem Wenden darin braun anrösten. Die Pfanne vom Herd ziehen und die Zwiebeln auskühlen lassen.

2. Das Kokosmus in eine kleine Schüssel geben. Den Oregano und den Thymian hinzufügen und mit einer Gabel unter das Kokosmus mengen.

3. Die gehackten, gebräunten Zwiebeln dazugeben, unterrühren und das Schmalz mit Salz und Pfeffer würzen. In ein Glas füllen, verschließen und bis zum Verzehr im Kühlschrank aufbewahren.

Quick 'n' smooth

Ganz Eilige verwenden rohe, fein gehackte Zwiebeln. Im Kühlschrank aufbewahrt ist das Kokos-Zwiebel-Schmalz etwa 1 Woche haltbar. Damit es streichzart wird, sollte es Zimmertemperatur haben – dazu einfach 10–15 Min. vor dem Verzehr aus dem Kühlschrank nehmen.

>> All you need is love & coconuts <<

VERFASSER UNBEKANNT

Raw Veggie-Salad mit Kokosnussfleisch

FÜR 2 PERSONEN
ZUBEREITUNGSZEIT: 15 MIN.
PRO PORTION: CA. 415 KCAL |
11 G E | 36 G F | 10 G KH

→ 60 g Kokosnussfleisch
→ 1 Möhre
→ 250 g Rotkohl
→ 50 g junger Blattspinat

FÜR DAS DRESSING
→ ½ Limette
→ 1 rote Chilischote
→ 1 Knoblauchzehe
→ 2 EL kalt gepresstes Erdnussöl
→ 40 g Erdnussmus
→ 50 g Kokosmilch
→ 1 EL Reisessig
→ Salz | Pfeffer

Klein & fein

Je feiner das Rohkostgemüse geschnitten ist, desto besser schmeckt der Salat. Statt mit dem Sparschäler oder Messer kannst du das Gemüse auch mit einem guten Hobel zerkleinern. Geschmacklich und optisch perfekt wird's mit einem Gemüse-spaghettihobel.

1. Das Kokosnussfleisch mit einem Sparschäler in dünne Scheiben schneiden. Die Möhre schälen, die Enden entfernen und die Möhren ebenfalls mit einem Sparschäler in dünne Scheiben schneiden. Den Rotkohl putzen, abbrausen, den harten Strunk keilförmig herausschneiden und die Blätter in feine Streifen schneiden.

2. Das Kokosnussfleisch mit den Möhren und dem Rotkohl in einer Schüssel vermischen. Die Salatmischung auf zwei Schalen verteilen. Den Spinat verlesen, waschen und trocken tupfen.

3. Für das Dressing die Limette auspressen. Die Chilischote halbieren, entkernen, die Hälften waschen und fein hacken. Die Knoblauchzehe abziehen, halbieren und ebenfalls hacken. Das Erdnussöl mit dem Erdnussmus, der Kokosmilch und dem Reisessig verrühren.

4. Den Limettensaft und die Chili- und Knoblauchstücke dazugeben, mit dem Pürierstab fein pürieren und mit Salz und Pfeffer abschmecken. Das Dressing auf den Salat träufeln. Den Spinat auf dem Salat anrichten und nach Belieben mit Salz und Pfeffer bestreut servieren.

Soups & Salads

Rawlicious!

Summerday-Salad mit Kokosblüten-Vinaigrette

FÜR 2 PERSONEN
ZUBEREITUNGSZEIT: 20 MIN.
PRO PORTION: CA. 225 KCAL |
4 G E | 19 G F | 11 G KH

- 125 g gemischter Salat (z.B. Feldsalat, Rucola, Radicchio)
- 100 g Kirschtomaten
- 20 g Pinienkerne
- 1 TL Kokosöl
- 1 TL Kokosblütenzucker

FÜR DIE VINAIGRETTE
- 1 EL Kokosblütensirup
- 2 EL Apfelessig
- 1 EL mittelscharfer Senf
- Salz | Pfeffer
- 2 EL Olivenöl

1. Den Salat putzen, waschen, trocken schleudern und die Blätter in mundgerechte Stücke zupfen. Die Kirschtomaten abbrausen und trocken tupfen. Die Pinienkerne in einer beschichteten Pfanne ohne Zugabe von Fett unter Wenden rösten, bis sie zu duften beginnen. Anschließend aus der Pfanne nehmen und auskühlen lassen.

2. Für die Vinaigrette den Kokosblütensirup in einer kleinen Schüssel mit einem Schneebesen mit dem Apfelessig und dem Senf verrühren. Mit etwas Salz und Pfeffer würzen, das Olivenöl unterschlagen und die Vinaigrette abschmecken.

3. Das Kokosöl in einer Pfanne erhitzen und die Kirschtomaten darin bei mittlerer Hitze kurz anschwenken, bis sie warm sind. Die Tomaten mit dem Kokosblütenzucker bestreuen und diesen goldbraun karamellisieren lassen.

4. Den vorbereiteten Salat in einer Schüssel mit der Vinaigrette marinieren und auf zwei Teller verteilen. Die karamellisierten Kirschtomaten darauf anrichten. Alles mit den gerösteten Pinienkernen bestreuen und sofort servieren.

Crispy on top

Für noch mehr Crunch kannst du deinen Salat zusätzlich mit einem Knusper-Topping aus karamellisierten Kokos-Chips (s. S. 32) bestreuen.

Soups & Salads

Karibik-Salat mit Garnelen-Kokos-Spieß

FÜR 2 PERSONEN
ZUBEREITUNGSZEIT: 30 MIN.
PRO PORTION: CA. 990 KCAL |
20 G E | 82 G F | 43 G KH

→ 1 Mango
→ 1 rote Paprikaschote
→ 1 rote Zwiebel
→ ½ rote Chilischote
→ 1 Avocado

FÜR DIE VINAIGRETTE
→ 1 Limette
→ 2 EL Sesamöl
→ Salz | Pfeffer
→ 1 Prise Chilipulver

FÜR DAS KNUSPER-TOPPING
→ 40 g Kokosblütenzucker
→ 50 g Kokos-Chips

FÜR DIE GARNELEN-KOKOSSPIESSE
→ 100 g Kokosnussfleisch
→ 12 Garnelen (küchenfertig)
→ 2 EL Kokosöl
→ Salz | Pfeffer

AUSSERDEM
→ Öl für die Alufolie
→ 4 Schaschlikspieße

1. Die Mango schälen, das Fruchtfleisch vom Stein schneiden und klein würfeln. Die Paprikaschote halbieren, Trennwände und Kerne entfernen, die Hälften waschen, trocken tupfen und ebenfalls in kleine Würfel schneiden. Die Zwiebel schälen und fein hacken. Die Chilischote halbieren, entkernen, die Hälften waschen und in feine Ringe schneiden.

2. Die Avocado mit einem Messer halbieren und den Kern entfernen. Das Fruchtfleisch schälen und in Würfel schneiden. Für die Vinaigrette die Limette halbieren und auspressen. Mit Sesamöl, Salz, Pfeffer und Chilipulver verrühren und abschmecken.

3. Für das Knusper-Topping den Kokosblütenzucker in eine Pfanne geben und unter ständigem Rühren schmelzen lassen. Die Kokos-Chips hinzugeben und untermischen. Die Masse zum Auskühlen auf ein Stück mit Öl bepinselte Alufolie verteilen.

4. Für die Spieße das Kokosnussfleisch in Stücke schneiden, die in etwa so groß sind, wie die Garnelen. Die Garnelen abbrausen und trocken tupfen. Das Kokosöl in einer Pfanne erhitzen, die Garnelen hineingeben und in 2–3 Min. rundherum anbraten. Mit Salz und Pfeffer würzen.

5. Die Salatzutaten mischen, mit der Vinaigrette marinieren und auf Teller verteilen. Die karamellisierten Kokos-Chips in grobe Stücke brechen und über den Salat streuen. Die Kokosnussstücke und die Garnelen abwechselnd auf Schaschlikspieße ziehen und auf dem Salat anrichten.

Soups & Salads

Tastes like sunshine

Best of Multitalent

Aufgrund ihrer vielfältigen Verwendungsmöglichkeiten wird die Kokospalme auf den Philippinen auch »Baum des Lebens« genannt. Sie trotzt Stürmen, Hitze und sandigen Böden und liefert Baumaterial, Öl und Nahrung.

Cheers!

Eine junge Kokosnuss enthält rund 1 l Kokoswasser. Auf so mancher Insel im Pazifik decken die Einwohner ihren täglichen Flüssigkeitsbedarf mit dem Inhalt von 3–6 Kokosnüssen oder durch vergorenen Kokoswein. Na dann, Prost!

Kokos-Wiki

Easy Detoxing

Beim ayurvedischen Ölziehen wird nach einer Zungenreinigung 1 EL Kokosöl 10–15 Min. durch den Mundraum hin- und hergezogen und dann ausgespuckt. Anschließend die Zähne wie gewohnt putzen. Das Öl bindet Bakterien und Keime, die mit Zahnbürste und Zahnseide nur schwer erreichbar sind.

Fair Shopping

Bio-Kokosprodukte aus fairem Handel stellen für Mensch und Umwelt verträgliche Anbau- und Erntebedingungen sicher. Kokosöl sollte zudem nativ bzw. kalt gepresst sein – die schonende Verarbeitung erhält alle wertvollen Inhaltsstoffe.

Coconut Shell Upcycling

Die holzigen Kokosnussschalen lassen sich zu praktischen Bowls für Salat, Eiscreme, Schmuck, Seife oder Teelichter umfunktionieren. Die nächste Kostümparty steht bevor? Dann bastel dir doch einen Büstenhalter aus den Kokosnussschalen und geh als Hawaiian Hula Girl. Aloha!

Kokosfaser-Recycling

Aus Kokosfasern, die die harte Schale in einer dicken Schicht umgeben, werden Seile, Matten, Teppiche und Matratzenfüllungen hergestellt.

Burn, Baby Burn!

Schon mal was von Kokoskohle gehört? Aus den Schalen der Kokosnuss hergestellt, ist sie ein umweltfreundlicher Ersatz für Holzkohle. Kokoskohle ist zwar etwas teurer, brennt dafür aber auch dreimal länger und ist zudem geruchsneutral.

Sweet & Spicy Banana-Soup

Ganz schön raffiniert: Die Kombination aus süß und pikant mit einem Hauch von exotischer Schärfe ist mehr als einfach nur Suppe. Genuss pur! Probier's doch einfach mal selber aus!

FÜR 2 PERSONEN
ZUBEREITUNGSZEIT: 30 MIN. |
GARZEIT: 15 MIN.
PRO PORTION: CA. 430 KCAL |
6 G E | 25 G F | 43 G KH

→ 250 g Süßkartoffeln
→ 1 Zwiebel
→ 1 Knoblauchzehe
→ 1 rote Chilischote
→ 1 EL Kokosöl
→ 200 g Kokosmilch
→ 400 ml Gemüsebrühe
→ 1 reife Banane
→ 1–2 EL Currypulver (Madras)
→ Salz | Pfeffer
→ 10 g getrocknete Bananenchips
→ Cayennepfeffer zum Bestreuen

1. Die Süßkartoffeln schälen, waschen und in Stücke schneiden. Die Zwiebel schälen, halbieren und fein hacken. Den Knoblauch abziehen und ebenfalls fein hacken. Die Chilischote halbieren und entkernen, die Hälften waschen und fein hacken.

2. Das Kokosöl in einem Topf erhitzen. Die Zwiebeln, den Knoblauch und die Chilistücke hineingeben und 2–3 Min. unter Rühren anbraten. Die Süßkartoffeln hinzufügen und alles zusammen weitere 1–2 Min. braten. Das Gemüse mit der Kokosmilch und der Brühe ablöschen und die Suppe ca. 10 Min. zugedeckt köcheln lassen, bis die Süßkartoffeln weich gegart sind.

3. Die Banane schälen, in Stücke schneiden und in die Suppe geben. Das Gemüse mit der gesamten Flüssigkeit mit dem Pürierstab fein mixen. Die Suppe mit Curry, Salz und Pfeffer abschmecken. Die getrockneten Bananenchips grob hacken und auf die Suppe streuen. Zum Servieren mit wenig Cayennepfeffer bestreuen.

Try this

Keine Banane da? Dann ersetze sie einfach durch eine Möhre. Die Möhre schälen, die Enden entfernen und die Möhre in Stücke schneiden. Mit den Süßkartoffeln anbraten, dann aufgießen und garen, wie im Rezept angegeben. Die getrockneten Bananen kannst du auch durch deine Lieblingssprossen ersetzen.

Creamy Zucchini-Soup

FÜR 2 PERSONEN
ZUBEREITUNGSZEIT: 30 MIN. |
GARZEIT: 17 MIN.
PRO PORTION: CA. 370 KCAL |
14 G E | 28 G F | 14 G KH

- 400 g Zucchini
- 1 mehligkochende Kartoffel
- 1 Zwiebel
- 2 EL Rote-Bete-Sprossen
- 1 EL Kokosöl
- 200 g Kokosmilch
- 200 ml Gemüsebrühe
- 2-4 EL Kokosmehl
- Salz | Pfeffer

1. Die Zucchini abbrausen, trocken tupfen, die Enden abschneiden und das Fruchtfleisch in gleichmäßig große Stücke schneiden. Die Kartoffel schälen, waschen und in Würfel schneiden. Die Zwiebel schälen und fein würfeln. Die Rote-Bete-Sprossen abbrausen und abtropfen lassen.

2. Das Kokosöl in einem Topf erhitzen. Die Zucchini, die Kartoffelwürfel und die Zwiebeln 1–2 Min. darin anbraten. Das Gemüse mit der Kokosmilch und der Gemüsebrühe ablöschen und ca. 15 Min. zugedeckt köcheln lassen, bis es weich ist.

3. Das Kokosmehl zur Suppe geben und unterrühren. Das Gemüse mit der Flüssigkeit mit dem Pürierstab fein mixen. Die Suppe mit Salz und Pfeffer würzen. Die Suppe in tiefe Teller verteilen oder in Gläser mit einem dicken Strohhalm geben. Mit den Rote-Bete-Sprossen garnieren.

Nice to try

So wird im Handumdrehen eine Kokos-Kürbis-Suppe draus: Statt Zucchini 400 g Hokkaido-Kürbis samt Schale verwenden und die Zucchini und Kartoffel durch 1 Möhre ersetzen.

Soups & Salads

Thai-Chicken-Coconut-Soup

FÜR 2 PERSONEN
ZUBEREITUNGSZEIT: 30 MIN. |
GARZEIT: CA. 15 MIN.
PRO PORTION: CA. 525 KCAL |
31 G E | 40 G F | 8 G KH

→ 1 Stück Ingwer (2 cm lang)
→ 1 rote Chilischote
→ 2 Frühlingszwiebeln
→ 1 Stängel Zitronengras
→ 1 EL Kokosöl
→ 250 g Kokosmilch
→ 250 ml Gemüsebrühe
→ 200 g Hähnchenbrust
→ 50 g Shiitake (ersatzweise
  Champignons)
→ ½ Bund Thai-Basilikum
→ 3–4 Stängel Koriandergrün
→ 20 g Erdnusskerne
→ ½ Limette
→ Salz | Pfeffer

1. Den Ingwer schälen und fein hacken. Die Chilischote halbieren, entkernen, die Hälften waschen und fein hacken. Die Frühlingszwiebeln abbrausen, putzen, die Enden entfernen, den Rest in feine Ringe schneiden. Das Zitronengras putzen und der Länge nach halbieren.

2. Das Kokosöl in einem Topf erhitzen, den Ingwer, die Chili und die Frühlingszwiebeln hineingeben, 2–3 Min. anbraten und mit Kokosmilch und Gemüsebrühe ablöschen. Das Zitronengras hinzugeben und alles zugedeckt etwa 5 Min. köcheln lassen.

3. Inzwischen die Hähnchenbrust abbrausen, trocken tupfen und in mundgerechte Stücke schneiden. Die Shiitake putzen und in dünne Scheiben schneiden. Das Hähnchenfleisch und die Pilze in die kochende Suppe geben und zugedeckt ca. 10 Min. köcheln lassen, bis das Fleisch gar ist.

4. Das Thaibasilikum und den Koriander abbrausen, trocken tupfen, die Blättchen von den Stielen zupfen und grob hacken. Die Erdnusskerne ebenfalls grob hacken. Die Limette auspressen. Das Zitronengras aus der Suppe entfernen. Die Suppe mit Limettensaft, Salz und Pfeffer abschmecken. In Schalen anrichten und mit den Kräutern und Erdnusskernen bestreuen.

From Asia with love

Kokos-Facts

WAS DU NOCH NICHT WEISST, ABER SCHON IMMER WISSEN WOLLTEST. SO KANNST DU BEI DER NÄCHSTEN PIÑA-COLADA-SESSION ORDENTLICH MIT KNOW-HOW TRUMPFEN!

Botanisch gesehen ist die Kokosnuss keine Nuss, sondern eine Steinfrucht.

Um reif zu werden, benötigt die Kokosnuss 1 Jahr.

Weltweit werden pro Jahr über 60 Millionen Tonnen Kokosnüsse geerntet – davon 18 Millionen Tonnen alleine in Indonesien.

Seit über 3 000 Jahren werden Kokosnüsse angepflanzt. Hauptanbauländer sind Indonesien, Philippinen, Indien, Brasilien, Sri Lanka, Thailand, Mexiko und Vietnam.

Die Kokosnuss gehört mit einem Gewicht von bis zu 2,5 kg zu den schwersten Früchten der Welt.

Die reife Kokosnuss besteht aus einer grünen Außenhaut, einer Faserschicht und der braunen, haarigen Innenschale. Die beiden äußeren Schalen werden für den Export entfernt, um beim Transport Platz zu sparen.

Am 2. September ist Welt-Kokosnusstag.

Kokospalmen wachsen 20–30 Meter hoch und können bis zu 120 Jahre alt werden. Nach 6–10 Jahren bringen sie die ersten Kokosnüsse hervor. Eine ausgewachsene Kokospalme trägt bis zu 100 Kokosnüsse pro Jahr.

Caution: falling coconuts!

Jedes Jahr sollen mehr Menschen durch herunterfallende Kokosnüsse sterben, als durch Haiangriffe – durchschnittlich etwa 150.

>> May you never be too busy to stop and breathe under a palm tree <<

VERFASSER UNBEKANNT

Coconut-Curry-Bowl

Fleischlos glücklich mit dem bunten Kokos-Gemüse-Curry für jede Saison: Hier kann rein, was die Jahreszeit und dein Kühlschrank gerade hergeben.

FÜR 2 PERSONEN
ZUBEREITUNGSZEIT: 30 MIN. |
GARZEIT: CA. 10 MIN.
PRO PORTION: CA. 415 KCAL |
15 G E | 22 G F | 39 G KH

→ 250 g Süßkartoffel
→ 1 Möhre
→ 200 g Rotkohl
→ ½ Brokkoli
→ 1 Zwiebel
→ 2 EL Kokosöl
→ 75 ml Kokosmilch
→ 75 ml Ananassaft
→ 4 EL Kokosmehl
→ 2 EL Currypulver (Madras)
→ Salz | Pfeffer
→ 4 Stängel Petersilie

AUSSERDEM
→ heller Sesam zum Bestreuen

1. Die Süßkartoffel schälen. Die Möhre schälen und die Enden abschneiden. Die Süßkartoffel und die Möhre mit einem Sparschäler (oder einem Hobel) in dünne Streifen schneiden.

2. Den Rotkohl putzen, abbrausen, den harten Strunk keilförmig herausschneiden und die Kohlblätter in feine Streifen schneiden. Den Brokkoli putzen, abbrausen und in Röschen zerteilen.

3. Die Zwiebel schälen und ebenfalls fein hacken. Das Kokosöl in einem kleinen Topf erhitzen und die Zwiebel darin anbraten. Mit der Kokosmilch und dem Ananassaft ablöschen. Das Kokosmehl unterrühren, die Sauce mit Curry, Salz und Pfeffer würzen, 3–4 Min. zugedeckt köcheln lassen und abschmecken.

4. Das Gemüse in kochendem Salzwasser 4–5 Min. bissfest blanchieren. Die Petersilie abbrausen, trocken tupfen, die Blättchen von den Stielen zupfen und fein hacken. Das Gemüse in ein Sieb abgießen, kurz abtropfen lassen und auf Schalen verteilen. Die Sauce darübergeben und mit Petersilie und Sesam garnieren.

Need for Meat?

Lust auf eine Bowl mit Fleisch? Dann zusätzlich 200 g Hähnchenbrustfilets abbrausen, trocken tupfen und in mundgerechte Stücke schneiden. Das Hähnchenbrustfilet in 2 EL Kokosöl anbraten, mit Salz und Pfeffer würzen und unter das gegarte Gemüse mischen.

Cocolicious Meals

Easy-Peasy Wirsing-Curry

FÜR 2 PERSONEN
ZUBEREITUNGSZEIT: 20 MIN. |
GARZEIT: 25 MIN.
PRO PORTION: CA. 630 KCAL |
17 G E | 44 G F | 39 G KH

→ 500 g Wirsing
→ 500 g vorwiegend festkochende Kartoffeln
→ 1 Zwiebel
→ 1 EL Kokosöl
→ 1 EL Kümmel
→ 400 g Kokosmilch
→ 200 ml Gemüsebrühe
→ Salz | Pfeffer
→ 2 EL Currypulver (Madras)

AUSSERDEM
→ schwarzer Sesam zum Bestreuen

1. Den Wirsing putzen, waschen, den harten Strunk keilförmig herausschneiden und die Blätter in dünne Streifen schneiden. Die Kartoffeln schälen, waschen und in 1–2 cm große Würfel schneiden. Die Zwiebel schälen und fein hacken.

2. Das Kokosöl in einem Topf erhitzen. Die Zwiebel und den Kümmel darin 1–2 Min. unter Rühren anbraten. Den Wirsing und die Kartoffeln hinzugeben und 1–2 Min. mitbraten. Mit Kokosmilch und Gemüsebrühe ablöschen. Das Curry ca. 20 Min. zugedeckt köcheln lassen, bis der Wirsing und die Kartoffeln weich sind, dabei gelegentlich umrühren.

3. Das Wirsing-Curry mit Salz, Pfeffer und Curry würzen und abschmecken. Portionsweise in Teller anrichten und mit schwarzem Sesam bestreuen.

Probier mal!

Statt mit Wirsing schmeckt das Curry auch super gut mit Grünkohl. Und den Kümmel kannst du auch durch Kreuzkümmel ersetzen.

Cocolicious Meals

Go for it!

Hot Green-Chickpea-Curry

FÜR 2 PERSONEN
ZUBEREITUNGSZEIT: 20 MIN. |
RUHEZEIT: 12 STD. |
GARZEIT: 50 MIN.
PRO PORTION: CA. 595 KCAL |
15 G E | 50 G F | 20 G KH

- 50 g getrocknete Kichererbsen
- 250 g Blattspinat
- 1 Zwiebel
- 2 EL Kokosöl
- 1 EL grüne Currypaste (ersatzweise 1 EL Currypulver)
- 400 g Kokosmilch
- Salz | Pfeffer

1. Die Kichererbsen in eine Schüssel geben, mit kaltem Wasser bedecken und über Nacht zugedeckt einweichen. Am nächsten Tag die Kichererbsen in ein Sieb abgießen, kräftig abbrausen, in einen Topf geben und mit frischem Wasser auffüllen, sodass sie gut bedeckt sind. Die Kichererbsen aufkochen und zugedeckt bei mittlerer Hitze in ca. 40–50 Min. weich garen.

2. Inzwischen den Spinat verlesen, gründlich waschen und trocken schleudern. Die Zwiebel schälen und fein hacken. Die fertig gegarten Kichererbsen in ein Sieb abgießen und gut abtropfen lassen.

3. Das Kokosöl in einer Pfanne erhitzen. Die Zwiebel unter Rühren 1–2 Min. darin anbraten. Die Kichererbsen hinzugeben und 1–2 Min. mitbraten. Die Currypaste zugeben, unterrühren und mit der Kokosmilch ablöschen. Zugedeckt ca. 5 Min. köcheln lassen.

4. Den Spinat hinzugeben, untermischen und das Curry weitere 2–3 Min. köcheln lassen, bis der Spinat zusammengefallen ist. Mit Salz und Pfeffer abschmecken. Das Curry in Schälchen anrichten.

Nice to know

Im Schnellkochtopf reduziert sich die Kochzeit der Kichererbsen auf 10–15 Min. Du kannst aber auch 125 g abgetropfte Kichererbsen aus dem Glas verwenden, dann müssen sie gar nicht mehr vorgekocht werden.

Do it yourself

Dosen-Upcycling

Der Griff zur Kokosmilch-Dose ist zwar bequem, doch was tun mit der Verpackung? Wie wär's mit Upcycling? Mit ein paar Utensilien lassen sich die Dosen ziemlich schnell in hübsche Stiftehalter oder Blumentöpfe upgraden.

FÜR 3 BLUMENTÖPFE
→ Spülmittel
→ 3 Konservendosen
→ Klebeband (kein Malerkrepp)
→ Bio-Spraylack (z. B. weiß)
→ 3 Sukkulenten (z. B. Kakteen, Aloe vera)

1. Die Konservendosen gründlich heiß auswaschen, für mehrere Stunden in Wasser legen und das Etikett und Kleberückstände vollständig entfernen.

2. Die Dosen abtrocknen. Die oberen zwei Drittel mit Klebeband abkleben. Das untere Drittel in 3–5 Schichten lackieren, dabei jede Schicht mindestens 10 Min. antrocknen lassen. Die letzte Lackschicht mindestens 3 Stunden trocknen lassen.

3. Das Klebeband abziehen. Die Konservendose bepflanzen oder als Stifte- oder Besteckhalter verwenden.

Easy Care

Sukkulenten sind absolut pflegeleicht: Sie müssen nur etwa einmal pro Monat gegossen werden, da sie in ihren meist dickfleischigen Blättern viel Wasser speichern können. Bei Bedarf kannst du sie mit etwas Kokos-Torf düngen.

Specials

Auberginen in Kokossauce

Aubergine und Tomate spielen hier zwar die Hauptrolle, Kümmel und Kokos sind jedoch die heimlichen Stars, die dem Gericht den Extrakick geben.

FÜR 2 PERSONEN
ZUBEREITUNGSZEIT: 15 MIN. |
GARZEIT: 10 MIN.
PRO PORTION: CA. 565 KCAL |
11 G E | 52 G F | 13 G KH

→ 1 Zwiebel
→ 1 Knoblauchzehe
→ 250 g Kirschtomaten
→ 2 Auberginen
→ 2 EL Kokosöl
→ 1 EL Kümmel
→ 400 g Kokosmilch
→ 20 g Kokosnussfleisch (ersatzweise Kokosraspel)
→ Salz | Pfeffer

1. Die Zwiebel schälen und in feine Würfel schneiden. Den Knoblauch abziehen, halbieren und sehr fein hacken. Die Kirschtomaten abbrausen und dann halbieren. Die Auberginen abbrausen, trocken tupfen, putzen und mit dem Messer in mundgerechte Stücke schneiden.

2. Das Kokosöl in einem Topf erhitzen. Die Zwiebel, den Knoblauch und den Kümmel hinzufügen und 1–2 Min. anbraten, dabei gelegentlich umrühren. Die Auberginen und die Kirschtomaten hinzugeben und alles weitere 2–3 Min. zusammen braten.

3. Das Gemüse mit der Kokosmilch ablöschen und zugedeckt ca. 5 Min. köcheln lassen. Inzwischen das Kokosnussfleisch raspeln. Die Auberginen in Kokossauce mit Salz und Pfeffer abschmecken, in zwei Schälchen verteilen und mit dem geraspelten Kokosnussfleisch garnieren.

Noch einen drauf?
Dazu passt perfekt in Kokosmilch gekochter Duft- oder Langkornreis. Du kannst aber auch einfach frisches Naan- oder Fladenbrot dazu essen.

Creamy Pilz-Kokos-Risotto

Ein Klassiker auf feinen Abwegen: Kokosmilch verleiht dem Risotto eine karibische Note und harmoniert perfekt mit frischen Pilzen und Parmesan.

FÜR 2 PERSONEN
ZUBEREITUNGSZEIT: 40 MIN. |
GARZEIT: 25 MIN.
PRO PORTION: CA. 770 KCAL |
18 G E | 48 G F | 64 G KH

→ 1 Schalotte
→ 200 g gemischte Pilze (z.B. Champignons, Pfifferlinge)
→ 1 EL Kokosöl
→ 150 g Risotto-Reis (ersatzweise Naturreis)
→ 350 g Kokosmilch
→ 400 ml Gemüsebrühe
→ 4 Zweige Thymian
→ 20 g Parmesan
→ 1 EL Butter
→ Salz | Pfeffer

1. Die Schalotte schälen und fein hacken. Die Pilze putzen, kleine Exemplare ganz lassen, große Pilze in Stücke schneiden. Das Kokosöl in einem Topf erhitzen und die Schalotte und den Reis 2–3 Min. darin anbraten. Die Pilze zugeben und alles zusammen weitere 1–2 Min. braten.

2. Mit Kokosmilch und Gemüsebrühe ablöschen. Den Risotto offen ca. 20–25 Min. köcheln lassen, dabei zwischendurch immer wieder kräftig umrühren, damit er eine sämige Konsistenz entwickelt und der Reis noch einen leichten Biss hat.

3. Während der Risotto gart, den Thymian abbrausen, trocken tupfen, die Blättchen von den Stielen zupfen und fein hacken. Den Parmesan fein reiben. Die Butter in Stücke schneiden. Den Parmesan und die Butterstückchen unter den Reis rühren. Den Risotto mit Salz und Pfeffer würzen. Mit Thymian bestreuen.

Pilze putzen

Die Pilze möglichst nicht waschen, da sie sehr viel Wasser aufsaugen und ihr feines Aroma einbüßen. Am besten mit einem trockenen Tuch abreiben und die Lamellen mit einem Pinsel säubern.

Baked Chili-Coconut-Polenta

FÜR 2 PERSONEN
ZUBEREITUNGSZEIT: 20 MIN. |
GARZEIT: 15 MIN.
PRO PORTION: CA. 725 KCAL |
14 G E | 54 G F | 46 G KH

- 1 rote Chilischote
- 400 g Kokosmilch
- Salz
- 100 g Maisgrieß
- 1 TL edelsüßes Paprikapulver
- 250 g Kirschtomaten
- 2 Stängel Basilikum
- 250 g Zucchini
- 3 EL Kokosöl
- Salz | Pfeffer

1. Die Chilischote halbieren, entkernen, die Hälften waschen und fein hacken. Die Kokosmilch mit 1 Prise Salz zum Kochen bringen. Den Maisgrieß einstreuen, dabei mit dem Schneebesen kräftig rühren. Die Polenta bei geringer Hitze 10 Min. quellen lassen und dabei gelegentlich umrühren. Die Chili unterrühren und die Polenta mit Paprika würzen. Die Polenta in eine Schale geben, glatt streichen und abkühlen lassen.

2. Die Kirschtomaten kurz abbrausen und trocken tupfen. Das Basilikum abbrausen und ebenfalls trocken tupfen. Die Zucchini abbrausen, putzen und anschließend in ca. 1 cm dicke Scheiben schneiden. Die ausgekühlte Polenta in Streifen schneiden.

3. 1–2 EL Kokosöl in einer Pfanne erhitzen und die Polentastücke darin rundherum goldbraun anbraten. Das restliche Kokosöl in einer zweiten Pfanne erhitzen, die Zucchini hineingeben und 2–3 Min. darin anbraten. Die Kirschtomaten hinzufügen und alles weitere 1–2 Min. braten. Mit Salz und Pfeffer würzen. Die Polenta mit dem Gemüse auf Teller geben und mit Basilikum garnieren.

Ab in den Ofen

So wird ein Auflauf draus: Die ausgekühlte Polenta in Streifen schneiden und in eine mit Kokosöl ausgepinselte Auflaufform schichten. Mit ca. 70 g geriebenem Parmesan oder Pecorino bestreuen und bei 200° im heißen Ofen (Mitte) in ca. 20 Min. goldbraun überbacken. Mit einem Salat servieren.

Cocolicious Meals

Glutenfreie Goodies

Coco-Crispy Kürbis-Flammkuchen

FÜR 2 PERSONEN
ZUBEREITUNGSZEIT: 20 MIN. |
BACKZEIT: 30 MIN.
PRO PORTION: CA. 715 KCAL |
22 G E | 30 G F | 83 G KH

→ 230 g Vollkorn-Dinkelmehl
→ 2 EL Olivenöl
→ Salz
→ 200 g Sauerrahm
→ 1 rote Zwiebel
→ 160 g Hokkaido-Kürbis
→ 40 g Kokosnussfleisch
→ 50 g Rucola
→ Pfeffer

AUSSERDEM
→ Mehl zum Ausrollen
→ Backblech

1. Den Backofen auf 200° vorheizen. Das Mehl mit dem Öl, 125 ml kaltem Wasser und 1 Prise Salz mit den Knethaken des Handrührgeräts zu einem glatten Teig verkneten. Den Teig in zwei Portionen teilen, auf wenig Mehl möglichst dünn ausrollen und auf ein mit Backpapier ausgelegtes Backblech geben.

2. Den Teig gleichmäßig mit dem Sauerrahm bestreichen. Die Zwiebel schälen, halbieren und in feine Streifen schneiden. Den Kürbis waschen, die Kerne und Fasern entfernen und das Fruchtfleisch mit einem Sparschäler in dünne Streifen schneiden. Das Kokosnussfleisch ebenfalls in dünne Streifen schneiden.

3. Die Zwiebel-, Kürbis und Kokosnussstreifen auf dem Sauerrahm verteilen. Die Flammkuchen in den heißen Ofen schieben (Mitte) und 25–30 Min. knusprig und leicht gebräunt backen. Inzwischen den Rucola waschen und trocken schütteln. Die fertig gebackenen Flammkuchen aus dem Ofen nehmen, den Rucola darauf geben und mit Salz und Pfeffer würzen.

Easy Upgrade

Mit einem kleinen gemischten Salat als Beilage reicht der Flammkuchen auch für vier Personen. Dazu einfach den gesamten Teig auf Blechgröße ausrollen, belegen und backen.

Cocolicious Meals

Autumn as its best!

>> life is always better at the beach <<

VERFASSER UNBEKANNT

Meatballs in Kokos-Tomaten-Sauce

FÜR 2 PERSONEN
ZUBEREITUNGSZEIT: 30 MIN. |
GARZEIT: 25 MIN.
PRO PORTION: CA. 520 KCAL |
23 G E | 42 G F | 11 G KH

→ ½ Vollkornbrötchen (vom Vortag)
→ 4 Zweige Oregano (ersatzweise ½ TL getrockneter Oregano)
→ 1 Knoblauchzehe
→ 150 g gemischtes Hackfleisch
→ 1 Ei | Salz | Pfeffer
→ 1 TL edelsüßes Paprikapulver
→ 1 EL Kokosöl

FÜR DIE KOKOS-TOMATEN-SAUCE
→ 1 Zwiebel | 200 g Tomaten
→ 1 EL Kokosöl
→ 150 g Kokosmilch
→ 4 Stängel glatte Petersilie
→ Salz | Pfeffer
→ 1 TL edelsüßes Paprikapulver
→ 1 EL Currypulver (Madras)

1. Das Brötchen in kaltem Wasser einweichen. Den Oregano abbrausen, trocken schütteln, die Blättchen von den Stielen zupfen und fein hacken. Die Knoblauchzehe abziehen, halbieren und fein hacken. Das Brötchen gut ausdrücken und in feine Stücke zupfen. Mit dem Oregano, Knoblauch, Hackfleisch und Ei in eine Schüssel geben, mit Salz, Pfeffer und Paprika würzen und zu einem Fleischteig verkneten.

2. Den Fleischteig in sechs Portionen teilen und diese zu tischtennisballgroßen Kugeln formen. Das Kokosöl in einer kleinen Pfanne erhitzen und die Meatballs darin bei mittlerer Hitze in ca. 10 Min. rundherum braun braten. Inzwischen für die Sauce die Zwiebel schälen und fein hacken. Die Tomaten am Stielansatz kreuzweise einritzen, mit kochendem Wasser überbrühen, abschrecken, abtropfen lassen und die Schale abziehen. Das Fruchtfleisch in kleine Stücke schneiden.

3. Das Kokosöl in einem kleinen Topf erhitzen und die Zwiebel und Tomaten unter Rühren darin 1–2 Min. anbraten. Mit der Kokosmilch ablöschen und 5–10 Min. zugedeckt köcheln lassen. Die Petersilie abbrausen, trocken tupfen, die Blättchen abzupfen und in Streifen schneiden. Die Sauce mit Salz, Pfeffer, Paprika und Curry abschmecken. Die Meatballs mit der Kokos-Tomaten-Sauce anrichten und mit der Petersilie bestreuen.

Light Version

Wenn du es fettarm bevorzugst, nimm reines Rinderhackfleisch. Liebst du es eher geschmacksintensiv, kannst du auch mal Lammhackfleisch verwenden.

Easy Lemon-Chicken mit scharfem Gurkensalat

Das Fleisch wird in Kokosmilch extrazart, während Chili dem Gurkensalat eine scharfe Note gibt. Eine perfekte Kombination und super zum Freunde-Bekochen.

FÜR 2 PERSONEN
ZUBEREITUNGSZEIT: 20 MIN. |
MARINIERZEIT: 1 STD. |
GARZEIT: 20 MIN.
PRO PORTION: CA. 435 KCAL |
46 G E | 27 G F | 2 G KH

→ 2 Hähnchenbrustfilets (à ca. 200 g)
→ Salz | Pfeffer
→ 1 Knoblauchzehe
→ ½ Limette
→ 200 g Kokosmilch
→ 2 EL Kokosöl

FÜR DEN GURKENSALAT
→ ½ Salatgurke
→ 50 g Kokosmilch
→ ½ rote Chilischote
→ Salz | Pfeffer

1. Die Hähnchenbrustfilets abbrausen, trocken tupfen und mit Salz und Pfeffer würzen. Die Knoblauchzehe abziehen, halbieren und fein hacken. Die Limette auspressen. Den Limettensaft mit der Kokosmilch und dem Knoblauch in einer Schüssel mischen. Die Hähnchenbrustfilets hineingeben und 1 Std. zugedeckt im Kühlschrank marinieren.

2. Für den Salat die Gurke abbrausen, trocken tupfen und nach Belieben schälen. Die Gurke in dünne Scheiben hobeln oder schneiden und mit der Kokosmilch vermischen. Die Chilischote halbieren, entkernen, die Hälften waschen und fein hacken. Unter die Gurke mischen, den Salat mit Salz und Pfeffer würzen, abschmecken und zugedeckt bis zum Servieren ziehen lassen.

3. Das Kokosöl in einer Pfanne erhitzen. Die Hähnchenbrustfilets aus der Marinade nehmen, trocken tupfen und im heißen Öl auf beiden Seiten je nach Dicke in je 8–10 Min. goldbraun braten, bis das Fleisch gar ist. Den Gurkensalat noch einmal abschmecken und mit dem Lemon-Cocos-Chicken auf Tellern anrichten.

Mach' mal Möhre

Die scharfe Kokosmarinade passt auch perfekt zu Möhren: 2 Möhren putzen, schälen und mit dem Sparschäler in feine, lange Streifen schneiden. In kochendem Salzwasser 1–2 Min. blanchieren, abgießen, abschrecken und abtropfen lassen. Anschließend marinieren und ziehen lassen.

Crusty Salmon mit Mangochutney

FÜR 2 PERSONEN
ZUBEREITUNGSZEIT: 20 MIN. |
GARZEIT: 18 MIN.
PRO PORTION: CA. 800 KCAL |
36 G E | 59 G F | 31 G KH

→ 1 Mango
→ 1 rote Zwiebel
→ 1 Stück Ingwer (2 cm lang)
→ ½ Limette
→ 1 EL Kokosöl
→ 2 EL Weißweinessig
→ Salz | weißer Pfeffer

FÜR DEN ZUCKERSCHOTENSALAT
→ 200 g Zuckerschoten
→ 200 g Kirschtomaten
→ 20 g Pinienkerne
→ 2 EL Olivenöl
→ Salz | Pfeffer

FÜR DEN LACHS
→ 1 Ei
→ 2 EL Kokosmehl
→ 1 EL Kokosraspel
→ 2 Lachsfilets (à 120 g)
→ 2 EL Kokosöl

1. Die Mango schälen, das Fruchtfleisch vom Stein schneiden und klein würfeln. Die Zwiebel schälen und fein würfeln. Den Ingwer schälen und fein hacken. Die Limette auspressen. Das Kokosöl in einem kleinen Topf erhitzen und die Zwiebel und den Ingwer darin glasig dünsten. Die Mangostücke hinzugeben, kurz andünsten und mit Limettensaft und Essig ablöschen. Das Chutney offen 10 Min. köcheln lassen und mit Salz und Pfeffer abschmecken.

2. Für den Zuckerschotensalat die Zuckerschoten putzen, in reichlich kochendem Wasser ca. 3 Min. blanchieren, abgießen, kalt abschrecken und in einem Sieb abtropfen lassen. Die Kirschtomaten abbrausen, trocken tupfen und halbieren. Die Pinienkerne in einer Pfanne rösten, bis sie duften. Die Zuckerschoten halbieren, mit den Tomaten und dem Olivenöl vermengen. Mit Salz und Pfeffer würzen und mit Pinienkernen bestreuen.

3. Für den Lachs das Ei mit 1–2 EL Wasser in einem tiefen Teller verquirlen. Das Kokosmehl mit den Kokosraspeln auf einem Teller vermengen. Den Lachs abbrausen, trocken tupfen, im verquirlten Ei wenden und in der Kokosmischung wälzen. Das Kokosöl in einer Pfanne erhitzen und den Lachs von beiden Seiten jeweils 3–5 Min. braten, bis er gar ist. Den Lachs mit dem Mangochutney und dem Zuckerschotensalat anrichten.

KnuspermäBig lecker

Fisch im Knusperbackteig

FÜR 2 PERSONEN
ZUBEREITUNGSZEIT: 35 MIN. |
MARINIERZEIT: 15 MIN. |
GARZEIT: 20 MIN.
PRO PORTION: CA. 835 KCAL |
43 G E | 69 G F | 10 G KH

→ 2 Fischfilets (à 100 g; Seelachs, Zander)
→ Salz | Pfeffer | 2 EL Zitronensaft
→ 2 Eier | 100 ml Milch
→ 4 EL Kokosmehl
→ 3–4 EL Kokosöl

FÜR DIE KOKOS-PAPRIKA-SAUCE
→ 1 Zwiebel
→ 2 Knoblauchzehen
→ 2 rote Spitzpaprika
→ 2 EL Kokosöl
→ 150 ml Gemüsebrühe
→ 150 g Kokosmilch
→ 2 EL Kokosmehl
→ Salz | Pfeffer

Was gibt's dazu?

Natürlich Süßkartoffelwedges! 2 EL warmes Kokosöl mit ½ TL Paprikapulver, je 1 TL getrocknetem Oregano und Rosmarin, Salz und Pfeffer mischen. 2 Süßkartoffeln waschen, trocknen, in Spalten schneiden, untermischen, auf ein Blech geben und im Ofen (200°) in 25–30 Min. goldbraun backen.

1. Die Fischfilets abbrausen, trocken tupfen, salzen und pfeffern. Mit dem Zitronensaft beträufeln und 15 Min. abgedeckt im Kühlschrank marinieren lassen. Inzwischen für die Kokos-Paprika-Sauce die Zwiebel und den Knoblauch schälen und beides fein hacken. Die Spitzpaprika halbieren, weiße Trennwände und Kerne entfernen, die Hälften waschen, trocken tupfen und in kleine Würfel schneiden.

2. Das Kokosöl erhitzen und die Zwiebel, den Knoblauch und die Paprika 1–2 Min. andünsten. Mit Gemüsebrühe und Kokosmilch ablöschen und zugedeckt 10 Min. köcheln lassen. Das Kokosmehl unterrühren die Sauce weitere 2–3 Min. köcheln lassen. Die Sauce mit dem Pürierstab fein pürieren, mit Salz und Pfeffer würzen, abschmecken und warm halten.

3. Für den Knusperbackteig die Eier trennen. Das Eiweiße in einem Rührbecher zu steifem Eischnee schlagen. Die Eigelbe mit der Milch und 2 EL Kokosmehl verquirlen. Den Teig salzen und den Eischnee unterheben. Das Kokosöl in einer Pfanne erhitzen. Die Fischfilets trocken tupfen, im restlichen Kokosmehl wenden, durch den Backteig ziehen und im heißen Kokosöl goldbraun frittieren. Mit der Sauce anrichten.

Cocolicious Meals

How-to: Knack die Nuss

Wieso hat die Kokosnuss denn bloß keinen Reißverschluss? Keine Panik! Es geht auch ohne. Und es ist sogar recht einfach an das leckere Kokoswasser und das Kokosnussfleisch zu gelangen ...

FÜR DAS KOKOSWASSER
→ 1 junge, grüne Kokosnuss
→ 1 Korkenzieher
→ 1 Strohhalm

FÜR DAS KOKOSNUSSFLEISCH
→ 1 ältere, reife Kokosnuss
→ 1 Hammer

1. Um an das Kokoswasser der jungen »Trinkkokosnuss« zu kommen, bohrst du mit dem Korkenzieher durch das weichste der drei Keimlöcher. Dann einfach einen Strohhalm hineinstecken – und Prost!

2. Um an das Kokosnussfleisch zu kommen, die Kokosnuss auf einen stabilen Untergrund legen. Ringsherum mit dem Hammer auf die Nuss schlagen, bis die Schale springt und du sie leicht aufbrechen kannst. Das Kokosnussfleisch mit einem Löffel oder einem Messer herausheben.

Wann bohren, wann hämmern?

Je jünger die Kokosnuss ist, umso mehr Kokoswasser enthält die Frucht und umso dünner und weicher ist ihre Schale. Daher reicht für junge Kokosnüsse ein Bohrer. Reife Kokosnüsse mit brauner, haariger Schale enthalten nur noch sehr wenig oder gar kein Kokoswasser mehr, dafür aber viel weißes Kokosnussfleisch. So einer harten Nuss darfst du mit dem Hammer zu Leibe rücken.

Specials

Grilled Peaches mit Kokos-Minz-Joghurt

FÜR 2 PERSONEN
ZUBEREITUNGSZEIT: 10 MIN.
PRO PORTION: CA. 275 KCAL |
5 G E | 18 G F | 24 G KH

→ 20 g Kokosnussfleisch (ersatzweise Kokosraspel)
→ 200 g griechischer Joghurt
→ 2 Stängel Minze
→ 2 Pfirsiche
→ 1 EL Kokosöl
→ 2 EL Kokosblütensirup

1. Das Kokosnussfleisch fein raspeln und mit dem griechischen Joghurt verrühren. Die Minze abbrausen, trocken tupfen, die Blättchen von den Stielen zupfen und in feine Streifen schneiden. Die Minze unter den Kokos-Joghurt ziehen und diesen bis zum Servieren zugedeckt kalt stellen.

2. Den Grill anheizen. Die Pfirsiche abbrausen, halbieren, den Stein herauslösen und die Früchte rundherum dünn mit Kokosöl bepinseln. Auf einem heißen Grill von jeder Seite ca. 2 Min. grillen, bis die Pfirsiche leicht gebräunt sind. Dünn mit dem Kokosblütensirup bepinseln und auf dem Grill goldbraun karamellisieren lassen. Die warmen Grillpfirsiche auf dem kalten Kokos-Minz-Joghurt anrichten.

Ab in die Pfanne

Außerhalb der Grillsaison oder wenn du keine Zeit hast, den Grill extra anzuheizen, kannst du die Pfirsiche auch einfach in einer Grillpfanne auf dem Herd zubereiten. Da fehlt zwar das spezielle, leicht rauchige Grillaroma, aber sie bilden trotzdem leckere Röststoffe.

Sweet Vibes

Sweet 'n' lovely

Better-Day-Rice-Pudding mit Mango-Mohn-Sauce

Das perfekte Dessert mit einem Hauch von Exotik für Schlechte-Laune-Tage. Der Pudding lässt sich auch prima kalt zum Frühstück genießen. Was für ein Glück!

FÜR 2 PERSONEN
ZUBEREITUNGSZEIT: 15 MIN. |
GAREN: 20 MIN.
PRO PORTION: CA. 720 KCAL |
13 G E | 47 G F | 60 G KH

→ 450 g Kokosmilch
→ 100 g Mochi-Reis (ersatzweise Milchreis)
→ 1 Mango
→ 1 EL Mohnsamen
→ 1 Msp. gemahlene Vanille

1. 400 g Kokosmilch in einem Topf zum Kochen bringen. Den Reis einstreuen und unter Rühren bei mittlerer Hitze 20 Min. köcheln lassen. Dann den Herd ausschalten und den Reis zugedeckt weitere ca. 10 Min. ziehen lassen, bis er weich ist und die ganze Flüssigkeit aufgesaugt hat.

2. Inzwischen die Mango schälen, das Fruchtfleisch vom Stein schneiden und würfeln. Die Mangostücke mit der restlichen Kokosmilch in einen hohen Rührbecher geben und mit dem Pürierstab fein pürieren. Den Mohn und die Vanille unterrühren. Den warmen Kokos-Milchreis mit der Mango-Mohn-Sauce anrichten.

Nice to know

Mochi-Reis, der ursprünglich aus Japan stammt, kocht ähnlich wie Rundkornreis angenehm weich. Aufgrund seiner natürlichen Süße eignet sich Mochi-Reis hervorragend für zuckerreduzierte Desserts und Aufläufe. Im Handel wird er daher manchmal auch als Süßreis bezeichnet. Bei Bedarf kannst du ihn einfach durch Milchreis oder thailändischen Klebreis ersetzen.

Sweet Vibes

Sweet & Spicy Baked Bananas

Super-easy und einfach gut: Bananen mit Kokos, Zimt und Mandeln sind echte Seelenschmeichler. Die bringen dich durch kalte Wintertage – versprochen!

FÜR 2 PERSONEN
ZUBEREITUNGSZEIT: 10 MIN. |
GARZEIT: 3 MIN.
PRO PORTION: CA. 570 KCAL |
7 G E | 43 G F | 37 G KH

→ 20 g Mandeln
→ 2 reife Bananen
→ 2 EL Kokosöl
→ 2 EL Kokosblütensirup
→ ½ TL Zimt
→ 4 EL Kokosmus

1. Die Mandeln grob hacken. Die Bananen schälen und in 1 cm dicke Scheiben schneiden. Das Kokosöl und den Kokosblütensirup zusammen in einer Pfanne erhitzen, dann die Bananenscheiben hineingeben und von beiden Seiten 2–3 Min. anbraten.

2. Die gebratenen Bananen mit dem Zimt bestreuen. Direkt aus der Pfanne auf Teller verteilen. Mit den gehackten Mandeln bestreuen. Das Kokosmus in Schälchen geben und als Dip zu den Bananen servieren.

Upgrade Deluxe

Darf's ein bisschen üppiger sein? Dann kombiniere die gebratenen Bananen doch zusätzlich mit etwas Vanille-, Kokos- oder Schokolade-neis! Oder du tauchst die Bananenscheiben in Knusper-backteig (s. S. 70) und frittierst sie anschließend in Kokosöl goldbraun! Zum Servieren mit Kokosblütensirup beträufeln und mit Zimt bestreuen.

Sweet Vibes

>> Life is like a coconut – sometimes hard and sometimes bright <<

VERFASSER UNBEKANNT

Kokos-Ananas-Backmix

Happy Kuchen to you! Der Backmix im Glas ist das perfekte Mitbringsel für Geburtstage oder als kleines Dankeschön.

FÜR 1 GLAS (BZW. 1 KUCHEN/12 STÜCKE)
ZUBEREITUNGSZEIT: 10 MIN. (+ 10 MIN.
FÜR DEN TEIG) | BACKZEIT: 30 MIN.
PRO PORTION: CA. 285 KCAL |
7 G E | 18 G F | 24 G KH

→ 220 g Kamutmehl (ersatzweise Dinkel-Vollkornmehl)
→ 1 EL Backpulver
→ 1 Prise Salz
→ 30 g Kokosmehl
→ 40 g Kokosblütenzucker
→ 50 g Kokosraspel
→ 50 g Vollkorn-Haferflocken
→ 100 g getrocknete Ananas

ZUM BACKEN
→ 150 g Kokosöl
→ 5 Eier (M)

AUSSERDEM
→ 1 Einmachglas (ca. 1 l Inhalt)
→ 1 Springform (24 cm ⌀)
→ Fett für die Form

1. Das Mehl mit Backpulver und Salz vermengen und als erste Schicht in das Einmachglas füllen. Mit einem Löffel andrücken. Das Kokosmehl in das Glas geben und andrücken, dann nacheinander den Kokosblütenzucker, die Kokosraspel und die Haferflocken einschichten und jeweils andrücken.

2. Die getrocknete Ananas mit einem scharfen Messer in kleine Stücke hacken und als letzte Schicht in das Glas geben. Das Glas möglichst luftdicht verschließen und nach Belieben schön verpacken. Füge deine handgeschriebene Backanleitung hinzu und zum Beispiel einen Geschenkanhänger aus dem Buch.

3. Zum Backen den Backofen auf 175° vorheizen. Die Springform ausfetten. Das Kokosöl in einem Topf erwärmen, bis es flüssig ist, anschließend wieder leicht abkühlen lassen. Die Eier mit den Quirlen des Handrührgeräts schaumig schlagen. Die Backmischung aus dem Glas in eine Schüssel geben und erst die Eier, dann das Kokosöl unterrühren.

4. Den Teig in die vorbereitete Form geben und glatt streichen. Im heißen Ofen (Mitte) in ca. 30 Min. goldbraun backen (Stäbchenprobe machen). Den fertigen Kuchen aus dem Ofen nehmen, etwas abkühlen lassen, aus der Form lösen und auf einem Gitter vollständig auskühlen lassen.

Nice to know

Die trockene Backmischung hält als Mix bis zu 1 Jahr. Den fertigen Kuchen solltest du möglichst frisch verzehren und Reste luftdicht verpackt im Kühlschrank lagern.

Sunday-Lime-Cheesecake

FÜR 12 STÜCKE
ZUBEREITUNGSZEIT: 20 MIN. |
KÜHLZEIT: 3 STD.
PRO STÜCK: CA. 340 KCAL |
8 G E | 28 G F | 14 G KH

→ 150 g Vollkorn-Butterkekse
→ 100 g Butter
→ 70 g Kokosöl
→ 500 g Frischkäse
→ 300 g Joghurt
→ 50 g Kokosraspel
→ 2 unbehandelte Limetten
→ 3 TL Agar-Agar
→ 50 g Kokosblütenzucker
→ 50 g Pistazienkerne

AUSSERDEM
→ 1 Springform (26 cm ⌀)

1. Die Springform am Boden mit Backpapier auslegen. Die Butterkekse in einen Gefrierbeutel geben, den Beutel verschließen und die Kekse mit einer Teigrolle fein zerbröseln. Die Butter mit 20 g Kokosöl in einem kleinen Topf schmelzen, mit den Keksbröseln vermischen, in die Form geben und festdrücken.

2. Den Frischkäse in eine Schüssel geben, den Joghurt, das übrige Kokosöl und die Kokosraspel zugeben und mit den Quirlen des Handrührgeräts verrühren. Eine Limette heiß waschen, trocken tupfen und die Schale fein abreiben. Die Frucht halbieren und auspressen.

3. Die Limettenschale unter den Frischkäse rühren. Den Limettensaft mit Wasser auf 150 ml Flüssigkeit auffüllen. In einen kleinen Topf geben, das Agar-Agar einrühren und die Limetten-Agar-Mischung unter Rühren einmal aufkochen lassen.

4. Den Topf vom Herd nehmen und den Kokosblütenzucker unterrühren. Dann die Mischung zurück auf den Herd stellen und bei geringer Hitze unter Rühren 2–3 Min. quellen lassen. Dann die Limetten-Agar-Mischung mit den Quirlen des Handrührgeräts zügig unter die Frischkäse-Joghurt-Creme rühren. Die Creme in die mit Backpapier ausgelegte Springform füllen, glatt streichen und mindestens 3 Stunden kühl stellen, bis der Cheesecake schnittfest ist.

5. Vor dem Servieren die zweite Limette heiß waschen, trocken tupfen und mit einem sehr scharfen Messer in möglichst dünne Scheiben schneiden. Die Pistazienkerne fein hacken. Den Kuchen vorsichtig aus der Form lösen und auf eine Tortenplatte setzen. Mit den Limettenscheiben belegen und den Tortenrand mit den Pistazienkernen garnieren.

Sweet Vibes

Zucchini-Kokos-Muffins

FÜR 12 STÜCK
ZUBEREITUNGSZEIT: 15 MIN. |
BACKZEIT: 30 MIN.
PRO STÜCK: CA. 215 KCAL |
5 G E | 14 G F | 17 G KH

→ 240 g Vollkorn-Dinkelmehl
→ 120 g Kokosraspel
→ 40 g Kokosblütenzucker
→ 1 Prise Salz
→ 2 Eier (M)
→ 50 g Kokosöl
→ 120 g Kokosmilch
→ 1 Zucchino (ca. 120 g)

AUSSERDEM
→ 12er-Muffinform
→ Mehl und Fett für die Form (ersatzweise Papierförmchen)

1. Den Backofen auf 175° vorheizen. Die Mulden der Muffinform einfetten und ausmehlen oder mit Papierförmchen auslegen. DasVollkorn-Dinkelmehl mit den Kokosraspeln, dem Kokosblütenzucker und dem Salz in einer Schüssel vermengen.

2. Die Eier in eine Schüssel schlagen und das Kokosöl und die Kokosmilch unterrühren. Den Zucchino abbrausen, die Enden abschneiden und den Zucchino raspeln. Die Zucchiniraspel zur Eiermasse geben und unterziehen. Die Mehl-Zucker-Mischung zugeben und kurz unterrühren, bis alle Zutaten feucht sind.

3. Den Teig in die vorbereitete Muffinform füllen, die Form in den heißen Ofen schieben (Mitte) und die Muffins in ca. 30 Min. goldbraun backen. Die Stäbchenprobe machen, die fertigen Muffins herausnehmen, leicht abkühlen lassen, dann aus der Muffinform lösen und auf einem Gitter vollständig abkühlen lassen.

Tausch mal!

Aus den Zucchini-Kokos-Muffins werden ganz schnell saftig-süße Kirsch-Kokos-Muffins: Einfach statt der Zucchini am Schluss 120 g entsteinte, abgetropfte Süß- oder Sauerkirschen unter den Teig ziehen.

Sweet Vibes

Vollkorn-Power

Kokos-Cookies

FÜR 12 STÜCK
ZUBEREITUNGSZEIT: 20 MIN. |
BACKZEIT: 10 MIN.
PRO STÜCK: CA. 285 KCAL |
4 G E | 23 G F | 15 G KH

→ 250 g Butter
→ 40 g Kokosblütenzucker
→ 1 Msp. gemahlene Vanille
→ 200 g Vollkorn-Dinkelmehl
→ 50 g Kokosmehl
→ 100 g Kokosraspel
→ 1 TL Backpulver

AUSSERDEM
→ 2 Backbleche (30 × 40 cm)
→ Kokosmehl zum Arbeiten

1. Den Backofen auf 200° (Umluft) vorheizen. Zwei Backbleche mit Backpapier belegen. Die Butter, den Kokosblütenzucker und die Vanille in eine Schüssel geben und mit den Quirlen des Handrührgeräts cremig rühren. Das Vollkorn-Dinkelmehl, das Kokosmehl, die Kokosraspel und das Backpulver in einer Schüssel vermischen.

2. Die Mehl-Kokos-Mischung auf die Arbeitsfläche geben und in die Mitte eine Mulde machen. Die Butter-Zucker-Creme in die Mehlmulde geben, mit einer Teigkarte zu Krümeln hacken und dann mit den Händen möglichst rasch zu einem homogenen Teig verkneten.

3. Den Teig auf wenig Kokosmehl zu einer Rolle formen (5–6 cm ⌀). Die Teigrolle mit einem Messer in ca. 1 cm dicke Scheiben schneiden und diese auf die vorbereiteten Bleche setzen. Die Cookies im vorgeheizten Ofen in ca. 10 Min. goldgelb backen, dann die Bleche herausnehmen und auf einem Gitter auskühlen lassen.

Cookie-Vorrat

Naschkatzen bereiten gleich die doppelte Menge zu. In einer Dose luftdicht verschlossen, halten die Kokos-Cookies ca. 8 Wochen – wenn sie nicht schon vorher alle vernascht werden …

Beautylicious

Coconutty Body-Scrub

Natürlich schön: Das homemade Kaffee-Kokos-Peeling besteht
zu 100 % aus natürlichen Zutaten und hat einen feinen Duft.
Happy hour for your skin!

FÜR 2 ANWENDUNGEN
→ 2 EL Kokosöl
→ 20 g gemahlener Kaffee (ersatzweise
  getrockneter Kaffeesatz)
→ 20 g Salz
→ 10 g Kokosblütenzucker

1. Das Kokosöl in einem kleinen Topf erwärmen, bis es flüssig ist. Das Kaffeepul-
ver, das Salz und den Kokosblütenzucker
in einer kleinen Schüssel vermischen. Das
Kokosöl mit Hilfe einer Gabel unterrühren.

2. Das Peeling ein- bis zweimal pro Woche
unter der Dusche auf die feuchte Haut auftragen und in kreisenden Bewegungen in
die Haut einmassieren. Mit lauwarmem
Wasser abduschen.

Haltbarkeit & Wirkung

Das Peeling hält bei Raumtemperatur ca. 4 Wochen und sorgt für
geschmeidig Haut. Kaffee, Salz und
Kokosblütenzucker tragen abgestor-
bene Hautschuppen ab und regen
die Durchblutung an. Kaffee hat
zudem entwässernde Eigenschaften – so wird aus dem Peeling ein
echter Cellulite-Killer! Das enthaltene Kokosöl pflegt die Haut und
spendet Feuchtigkeit.

Specials

Watermelon-Popsicles

FÜR 8 STÜCK
ZUBEREITUNGSZEIT: 15 MIN. |
TIEFKÜHLZEIT: 12 STD.
PRO STÜCK: CA. 95 KCAL |
1 G E | 8 G F | 5 G KH

- 400 g Wassermelone
- 40 g Kakao-Nibs (ersatzweise Zartbitterschokotropfen)
- 200 g Kokosmilch
- 1 Msp. gemahlene Vanille
- 20 g Blattspinat

AUSSERDEM
- 8 Popsicles (Eisförmchen mit Stiel)

1. Die Wassermelone in Stücke schneiden, dabei die Schale und die dunklen Kerne entfernen. Das Fruchtfleisch in einen hohen Rührbecher geben und mit dem Pürierstab fein mixen. Die Kakao-Nibs unterrühren und die Masse als unterste Schicht in die Eisförmchen verteilen, sodass sie zu jeweils etwa drei Viertel ihrer Höhe gefüllt sind. Je einen Stiel (oder ersatzweise ein Holzstäbchen) einsetzen, die Förmchen mit Folie verschließen und das Eis 4 Std. gefrieren lassen.

2. Für die zweite Schicht 140 ml Kokosmilch mit der Vanille verrühren. Die Folie abnehmen, die Kokosmilch gleichmäßig auf alle Förmchen verteilen, sodass jeweils noch etwa 1 cm Platz in den Eisförmchen bleibt. Die Eisförmchen erneut mit Folie verschließen und wieder mindestens 4 Std. gefrieren lassen.

3. Den Blattspinat verlesen, waschen, trocken tupfen und mit der restlichen Kokosmilch fein mixen. Die Folie abnehmen, die Spinatmasse in die Eisförmchen geben, erneut mit Folie verschließen und das Eis weitere 4 Std. im Tiefkühlfach gefrieren lassen. Zum Servieren die Förmchen kurz in heißes Wasser tauchen und vom Eis abziehen.

Fruchtig frisch

Für eine schoko-fruchtige Eis-Variante die Kakao-Nibs durch Zartbitter-Schokotropfen ersetzen. Aus einer geschälten Kiwi und ca. 2 EL Limettensaft ein Fruchtpüree mixen, das Du statt des Kokos-Spinats in die Eisförmchen schichtest.

Matcha-Nicecream

Schmacht nach Süßem? Keep cool! Diese Eiscreme aus Banane, Kokos und Matcha kannst du mit gutem Gewissen löffeln.

FÜR 2 PERSONEN
ZUBEREITUNGSZEIT: 10 MIN. |
TIEFKÜHLZEIT: 2 STD.
PRO STÜCK: CA. 190 KCAL |
5 G E | 8 G F | 26 G KH

- 2 Bananen
- ½ Limette
- 3 TL Matcha-Pulver
- 2 EL Kokosmilch
- 1 TL Kokosöl
- 20 g Kokosnussfleisch (ersatzweise Kokosraspel)

1. Die Bananen schälen, in Frischhaltefolie wickeln und ca. 2 Stunden tiefkühlen, bis sie durchgefroren sind. Die Limette halbieren und auspressen.

2. Den Limettensaft mit 2 TL Matcha-Pulver, der Kokosmilch und dem Kokosöl in einen Hochleistungsmixer geben. Die tiefgekühlten Bananen in Stücke brechen oder schneiden, hinzufügen und alles im Mixer zu Eis verarbeiten

3. Das Kokosnussfleisch raspeln. Die Matcha-Kokos-Nicecream auf zwei Schälchen verteilen. Mit dem geraspelten Kokosnussfleisch und dem restlichen Matcha-Pulver bestreuen. Sofort servieren.

Richtig aufmischen

Keinen Standmixer oder Pürierstab zur Hand? Dann einfach die gefrorenen Bananen leicht antauen lassen und in Stücke brechen oder hacken.

Sweet Vibes

Dark Vanilla-Coconut-Pralinés

Kokos und feine, dunkle Schokolade gehen hier die perfekte Liaison miteinander ein. Schöner kann Naschen nicht sein!

FÜR 16 STÜCK
ZUBEREITUNGSZEIT: 15 MIN. |
KÜHLZEIT: 30 MIN.
PRO STÜCK: CA. 155 KCAL |
1 G E | 15 G F | 3 G KH

→ 100 g Kokosmus
→ 90 g Kokosraspel
→ 80 g Kokosöl
→ 1 TL Kokosblütensirup
→ 1 Msp. gemahlene Vanille
→ 1 Prise Salz
→ 100 g Zartbitter-Schokolade

AUSSERDEM
→ 16er-Pralinenform (ersatzweise Eiswürfelform)
→ Kokos-Chips zum Garnieren

1. Das Kokosmus in eine Schüssel geben. Die Kokosraspel, das Kokosöl, den Kokosblütensirup, die Vanille und das Salz dazugeben und alles mit den Knethaken des Handrührgeräts zu einer homogenen Masse verkneten.

2. Die Kokosmasse in die Vertiefungen der Pralinen- oder Eiswürfelform geben, mit einem Teelöffel oder den Fingern festdrücken und 30 Min. ins Tiefkühlfach geben, bis die Masse fest wird. Die Zartbitter-Schokolade hacken, in eine Schüssel geben und über einem heißen Wasserbad behutsam schmelzen, dabei gelegentlich mit einem Löffel umrühren.

3. Die Pralinen aus der Form lösen. Mithilfe einer Pralinengabel in die geschmolzene Schokolade tauchen, kurz abtropfen lassen und auf ein Stück Backpapier ablegen zum Trocknen. Nach Belieben jedes Praliné mit kleinen Kokos-Chips garnieren, solange die Schokolade noch weich ist. Die Pralinen kühl stellen, bis die Schokolade fest geworden ist.

Snow-White Coconut-Pralinés

Selbst gemacht schmecken die Kugeln nochmal so gut. Und weil's auch noch schnell geht, sind sie so verführerisch …

FÜR 15 STÜCK
ZUBEREITUNGSZEIT: 10 MIN. |
KÜHLZEIT: 15 MIN.
PRO STÜCK: CA. 130 KCAL |
2 G E | 13 G F | 1 G KH

- 100 g Kokosmus
- 80 g gemahlene Mandeln
- 2 EL Kokosöl
- 1 Msp. gemahlene Vanille
- 100 g Kokosraspel

AUSSERDEM
- Pralinenförmchen aus Papier

1. Das Kokosmus in eine Schüssel geben. Die Mandeln, das Kokosöl und die Vanille dazugeben und alles mit den Knethaken des Handrührgeräts zu einer homogenen Masse verkneten. Die Masse in 15 gleich große Portionen teilen und diese zu Kugeln rollen. Die Kugeln auf einen Teller setzen und 10–15 Min. in den Kühlschrank stellen.

2. Die Kokosraspel in einen tiefen Teller geben. Die Kugeln einzeln nacheinander in den Kokosraspeln wälzen. Zum Servieren die Kokos-Mandel-Pralinen in Pralinenförmchen aus Papier setzen. Falls sie nicht alle sofort aufgenascht werden im Kühlschrank aufbewahren.

Be creative!

Die Pralinen bieten viel Raum für Eigenkreationen: Du kannst die Pralinenmasse mit Gewürzen aromatisieren (z. B. Zimt) oder das Kokosmus einfach mal durch Mandel-, Erdnuss- oder Sesammus ersetzen. Am besten hüllst du die Kugelpralinen dann in die gleichen Nüsse oder Samen.

Fruity Energy-Balls

Kleines Leistungstief? Die fruchtigen Energie-Bällchen aus Nüssen, Trockenfrüchten und dem Flair von Südsee liefern schnell Power und gute Laune!

FÜR 8 KUGELN
ZUBEREITUNGSZEIT: 10 MIN. |
KÜHLZEIT: 30 MIN.
PRO STÜCK: CA. 175 KCAL |
1 G E | 14 G F | 10 G KH

→ 50 g Macadamianusskerne
→ 50 g getrocknete Ananas
→ 50 g getrocknete Datteln (entsteint)
→ 125 g Kokosraspel

1. Die Macadamianusskerne mit einem Messer grob hacken. Die getrockneten Ananas und Datteln in Stücke schneiden oder ebenfalls hacken.

2. Die Nüsse und Früchte mit 50 g Kokosraspel in einen Hochleistungsmixer geben und so lange mixen, bis eine glatte Masse entstanden ist. Dabei je nach Fassungsvermögen des Mixers portionsweise arbeiten.

3. Die fertig zerkleinerte Masse in acht gleich große Portionen teilen und mit den Händen zu Kugeln formen. Die restlichen Kokosraspel in einen tiefen Teller geben und die Kugeln nacheinander in Kokosraspel wälzen. Die Energy-Balls auf ein Teller setzen und vor dem Verzehr ca. 30 Min. in den Kühlschrank stellen.

Good to know

Ungesalzen sind Macadamianusskerne meist nur schwer erhältlich. Du kannst sie aber bei Bedarf »entsalzen«: Wasch sie in lauwarmem Wasser, lass sie abtropfen und röste sie in einer beschichteten Pfanne oder im heißen Backofen (100° Umluft), bis sie wieder ganz trocken sind.

Healthy Snacks

Beautylicious

Best Body-Butter

Pur Natur, mit den hochwertigsten Zutaten und dazu noch selbst gemacht: Das ist allerbestes Skin-Food für trockene und spröde Haut.

FÜR 1 GLAS (À 125 ML INHALT)
→ 50 g Kokosöl | 50 g Kakaobutter (ersatzweise Sheabutter)
→ 1 EL Mandelöl | 1 EL Arganöl
→ 10 Tropfen ätherisches Orangenöl

AUSSERDEM
→ 1 Schraubglas (ca. 125 ml Inhalt)

1. Das Kokosöl mit der Kakaobutter in eine kleine Schüssel geben und unter gelegentlichem Rühren über einem heißen Wasserbad behutsam schmelzen. Das Mandel- und Arganöl unterrühren. Das Orangenöl hinzufügen und ebenfalls unterrühren.

2. Die Body Butter in ein Glas füllen, zuschrauben und abkühlen lassen. Zur Verwendung die benötigte Crememenge mit sauberen Fingern oder einem kleinen Löffel aus dem Glas nehmen und dünn auf die Haut auftragen.

Simply the best

Kokosöl, Kakao- oder Sheabutter, Mandel- und Arganöl spenden der Haut Feuchtigkeit und sorgen für ein angenehmes Hautgefühl. Durch die Zugabe von ätherischen Ölen duftet die Body Butter fein. Statt Orangenöl kannst du natürlich auch ein Öl deiner Wahl verwenden oder es ganz weglassen. Die Body Butter hält bei Raumtemperatur ca. 6 Monate.

Spicy Kokos-Curry-Chips

Hier wird koköstlich geknabbert – und im Expressverfahren zubereitet. Vorsicht, diese Chips haben echtes Suchtpotenzial!

FÜR 2 PERSONEN
ZUBEREITUNGSZEIT: 5 MIN.
PRO PORTION: CA. 195 KCAL |
2 G E | 20 G F | 2 G KH

→ 1 EL Kokosöl
→ 50 g Kokos-Chips
→ 1 EL Currypulver (Madras)
→ Salz

1. Das Kokosöl in eine kleine Pfanne geben und erhitzen. Die Kokos-Chips in die Pfanne geben, mit dem Curry bestreuen und mit wenig Salz würzen. Die Kokos-Chips unter Rühren 3–4 Min. rösten, bis sie zu duften beginnen.

2. Die heißen Kokos-Chips aus der Pfanne nehmen, auf Küchenpapier geben und abtropfen und auskühlen lassen. Servieren, wenn sie erkaltet sind.

Sweet me up!

Für süße Kokos-Chips 40 g Kokosblütenzucker in eine Pfanne geben und bei mittlerer Hitze goldgelb karamellisieren lassen. 50 g Kokos-Chips hineingeben und unter Rühren 2–3 Min. rösten. Lass die Kokos-Chips auf einem Stück Backpapier abkühlen. Zum Servieren in Stücke brechen.

Fried Coco-Onion-Rings

Als Fan des kräftigen Zwiebelaromas kommst du hier voll auf deine Kosten: Mit feiner Kokoshülle wird ruck, zuck eine knusprige Leckerei daraus.

How to fry

Öl zum Frittieren sollte heiß sein, damit sich das Frittiergut nicht mit Fett vollsaugt. Am besten ein Holzstäbchen in das heiße Öl halten. Sobald Bläschen daran aufsteigen, kannst du mit dem Ausbacken beginnen.

FÜR 2 PERSONEN
ZUBEREITUNGSZEIT: 20 MIN.
PRO PORTION: CA. 535 KCAL |
10 G E | 55 G F | 5 G KH

- 2 Zwiebeln
- 1 Ei (M)
- ½ TL Salz
- 50 g Kokosmehl
- 100 g Kokosöl

1. Die Zwiebeln schälen und in Ringe schneiden. Das Ei mit dem Salz in einem tiefen Teller verquirlen. Die Zwiebelringe mit Küchenpapier trocken tupfen. Das Kokosöl in einem Topf erhitzen.

2. Die Zwiebelringe portionsweise durch das verquirlte Ei ziehen und in Kokosmehl wälzen. In das heiße Kokosöl geben und in 1–2 Min. goldbraun frittieren. Mit einem Schaumlöffel herausnehmen und auf Küchenpapier abtropfen und abkühlen lassen. Möglichst frisch servieren.

Kicher-Roasties

FÜR 2 PERSONEN
ZUBEREITUNGSZEIT: 15 MIN. |
RUHEZEIT: 12 STD. |
GARZEIT: 50 MIN. |
BACKZEIT: 15 MIN.
PRO PORTION: CA. 265 KCAL |
9 G E | 13 G F | 28 G KH

→ 100 g getrocknete Kichererbsen
→ 2 EL Kokosöl
→ 1 EL Kokosblütensirup
→ 1 TL Zimt
→ 1 Msp. gemahlene Vanille

AUSSERDEM
→ Backblech
→ Zimt zum Bestreuen

1. Die Kichererbsen in eine Schüssel geben, mit Wasser bedecken und über Nacht zugedeckt einweichen. Am nächsten Tag die Kichererbsen in ein Sieb abgießen, abbrausen, in einen Topf geben und mit frischem Wasser auffüllen, sodass sie gut bedeckt sind. Die Kichererbsen aufkochen und bei mittlerer Hitze 40–50 Min. zugedeckt garen, bis sie weich sind.

2. Die fertig gegarten Kichererbsen in ein Sieb abgießen und abtropfen lassen. Den Backofen auf 175° vorheizen. Ein Backblech mit Backpapier belegen. Das Kokosöl in einem Topf bei niedriger Temperatur behutsam schmelzen. Den Kokosblütensirup, den Zimt und die Vanille unterrühren. Die abgetropften Kichererbsen hinzufügen und unterschwenken.

3. Die Kichererbsen auf das vorbereitete Backblech verteilen, sodass sie sich möglichst wenig berühren. Im heißen Ofen (Mitte) ca. 15 Min. backen, bis der Sirup karamellisiert ist. Herausnehmen, abkühlen lassen und zum Servieren noch einmal mit Zimt bestreuen.

Nice to try

Statt getrockneter Kichererbsen einfach 250 g bereits gekochte Kichererbsen aus dem Glas verwenden, wenn's schnell gehen muss! Für mehr Abwechslung darfst du gerne mit anderen Gewürzen experimentieren, z.B. mit Currypulver, Kreuzkümmel oder Cayennepfeffer.

Kokos-Minz-Zahncreme

Kokosöl sorgt für strahlend schöne Zähne – denn es hat antibakterielle Wirkung, entzündungshemmende Eigenschaften und beugt so Karies vor. Completely natural!

FÜR 1 GLAS (À CA. 40 ML INHALT)
→ 2 EL Kokosöl
→ 1 EL Natron
→ 4 Tropfen ätherisches Minzöl

AUSSERDEM
→ 1 Schraubglas (ca. 40 ml Inhalt; ersatzweise 1 befüllbare Kosmetiktube)

1. Das Kokosöl in einen kleinen Topf geben und unter gelegentlichem Rühren über einem heißen Wasserbad behutsam schmelzen. Vom Wasserbad nehmen.

2. Das Natron dazugeben und unterrühren. Das Minzöl hinzufügen und ebenfalls unterrühren. Die Zahnpasta in ein Glas oder eine Tube füllen, verschließen und erkalten lassen.

Nice to know

Die Zahnpasta hält bei Raumtemperatur ca. 3 Monate und reicht für 10–12 Anwendungen. Das enthaltene Natron entfernt Zahnbelag und hellt die Zähne leicht auf. Außerdem wirkt es basisch, neutralisiert Säuren im Mund und soll so bei Mundgeruch helfen. Auch das zugefügte Minzöl sorgt für frischen Atem.

Specials

Lovely Blueberry-Cream

Frische Heidelbeeren harmonieren wunderbar mit Kokos. Und mit Chia-Samen kombiniert, ist das ein perfekter Drink, um fit und happy durch den Tag zu gehen.

FÜR 2 PERSONEN
ZUBEREITUNGSZEIT: 5 MIN.
PRO PORTION: CA. 305 KCAL |
6 G E | 22 G F | 18 G KH

→ 100 g Heidelbeeren (frisch oder TK)
→ ½ Zitrone
→ 1 Banane
→ 200 g Kokosmilch
→ 1 EL Chia-Samen

AUSSERDEM
→ Kokos-Chips zum Garnieren

1. Die Heidelbeeren verlesen, abbrausen und mit Küchenpapier trocken tupfen. Die Zitrone auspressen. Die Banane schälen und in grobe Stücke schneiden.

2. Die Beeren mit den Bananenstücken in einen Standmixer geben. Den Zitronensaft, die Kokosmilch, die Chia-Samen und 75 ml kaltes Wasser hinzufügen und alles fein pürieren. Den Smoothie auf zwei Gläser verteilen und mit den Kokos-Chips garnieren. Möglichst sofort genießen!

Tausch mal!

Statt Heidelbeeren kannst du je nach Saison auch Brombeeren, Himbeeren oder Erdbeeren verwenden. 1 Prise Zimt oder gemahlener Ingwer sorgt als zusätzliche Würze an kalten Tagen für mehr Wärme von innen. Und natürlich kannst du auch mit anderen Gewürzen experimentieren: Wie wär's mit Vanille, Kardamom, Anis oder Piment? Trau dich!

Dream-Team-Smoothie mit Matcha und Banane

FÜR 2 PERSONEN
ZUBEREITUNGSZEIT: 10 MIN.
PRO PORTION: CA. 420 KCAL |
9 G E | 29 G F | 29 G KH

→ 100 g junger Grünkohl
→ 2 Bananen
→ 300 g Kokosmilch
→ 1 TL Matcha-Pulver

1. Den Grünkohl putzen, waschen und trocken tupfen. Die harten Blattrippen entfernen und das Blattgrün mit einem Messer grob hacken, dabei 2 schöne Stücke für die Garnitur beiseitelegen.

2. Die Bananen schälen und in Stücke schneiden. Den gehackten Grünkohl und die Bananenstücke in einen Standmixer geben. Die Kokosmilch und das Matcha-Pulver hinzufügen und alles pürieren.

3. Den Green-Dream-Team-Smoothie auf zwei Gläser verteilen und nach Belieben mit einem Grünkohlblättchen garnieren. Möglichst sofort genießen!

Summertime

Außerhalb der Herbst- und Wintersaison eignet sich statt Grünkohl auch Blattspinat für den Power-Smoothie. Für den vollen healthy Kick solltest du den Smoothie möglichst frisch genießen, da viele der darin enthaltenen Vitamine licht- und luftempfindlich sind.

Natürlicher HaargeNuss

Messy hair – don't care? Dieser selbst gemachte
Conditioner spendet dem beanspruchten Haar Feuchtigkeit
und gibt ihm seinen natürlichen Glanz zurück!

**FÜR 1-2 ANWENDUNGEN
(JE NACH HAARLÄNGE)**

→ 1 TL Kokosöl
→ 1 TL Arganöl

1. Das Kokosöl in einen kleinen Topf geben und unter Rühren über dem heißen Wasserbad behutsam schmelzen. Das Arganöl unterrühren. Die Haare mit einem milden Shampoo waschen, gründlich ausspülen, sanft mit dem Handtuch ausdrücken und vorsichtig durchkämmen.

2. Den Conditioner mit den Fingern in das Haar einmassieren. Die Haare in ein Handtuch einwickeln und den Conditioner mindestens 1 Std., besser über Nacht einwirken lassen. Die Haare nach Ablauf der Einwirkzeit mit einem milden Shampoo waschen, gründlich ausspülen und anschließend wie gewohnt trocknen.

Was bringt's?

UV-Strahlen, Salz- und Chlorwasser, trockene Heizungsluft, raue Mützen, aber auch Färben, Föhnen, Glätteisen oder Lockenstab strapazieren das Haar. Einmal im Monat angewandt, hilft der Coco-Conditioner gegen trockene und brüchige Spitzen sowie gegen sprödes und glanzloses Haar. Der Conditioner hält bei Raumtemperatur ca. 6 Monate.

Specials

Schoko-Bananen-Shake

FÜR 2 PERSONEN
ZUBEREITUNGSZEIT: 5 MIN.
PRO PORTION: CA. 490 KCAL | 9 G E | 39 G F | 24 G KH

→ 1 Banane
→ 400 g Kokosmilch
→ 25 g Haferflocken
→ 1 TL Kakaopulver
→ 1 Msp. Zimt
→ 1 TL Carobpulver
→ 6–8 Eiswürfel

AUSSERDEM
→ Kakao und Zimt zum Bestreuen

1. Die Banane schälen, in Stücke schneiden und in einen Mixer geben. Die Kokosmilch angießen, die Haferflocken, den Kakao, den Zimt und das Carobpulver hinzufügen und alles fein pürieren.

2. Die Eiswürfel in zwei Gläser verteilen und diese mit dem Shake auffüllen. Nach Belieben mit etwas Kakao und Zimt bestreuen und sofort servieren.

Kaffeekick

Probier zwischendurch doch mal Kaffee-Bananen-Shake: 1 Banane schälen und zerkleinern. Mit 350 ml Kokosmilch, 50 ml kaltem Espresso, 25 g Haferflocken, 1 TL Maca-Pulver und 1 Msp. Zimt im Mixer fein pürieren. Den Shake mit Eiswürfeln servieren.

Tropical Strawberry-Mocktail

FÜR 2 PERSONEN
ZUBEREITUNGSZEIT: 15 MIN.
PRO PORTION: CA. 190 KCAL |
4 G E | 10 G F | 17 G KH

→ 200 g Erdbeeren
→ 2 Orangen
→ ½ Limette
→ 100 g Kokosmilch
→ 1 Handvoll Eiswürfel

1. Die Erdbeeren abbrausen, abtropfen lassen, den Stielansatz entfernen und die Früchte halbieren. Die Orangen mit dem Messer schälen, sodass keine weiße Fruchthaut mehr anhängt. Die Filets auslösen und in Stücke schneiden. Die Orangenreste auspressen und den Saft auffangen. Die Limette auspressen.

2. Die Erdbeeren mit den Orangen, dem Orangen- und Limettensaft, der Kokosmilch und den Eiswürfeln in einen Hochleistungsmixer geben und fein mixen. Den Mocktail in zwei Gläser gießen und mit einem dicken Strohhalm servieren.

Frozen Berries

Außerhalb der Erdbeersaison einfach tiefgekühlte Erdbeeren verwenden – dann kannst du dir auch die Eiswürfel sparen! Sollte dein Mixer nicht ganz so leistungsfähig sein, lässt du die tiefgekühlten Erdbeeren einfach 15 Min. antauen.

Happy Drinks

Fresh 'n' fruity

Beautylicious

Tropicana Massageöl

Jetzt wird es Zeit zum Relaxen: Das kühlende Massageöl ist perfekt für dein Home-Spa und sorgt ganz schnell für Entspannung und Urlaubsfeeling.

FÜR JE 1 ANWENDUNG
FÜR KÜHLENDES SOMMER-MASSAGEÖL
- → 1 EL Kokosöl
- → 5 Tropfen ätherisches Minzöl
- → 5 Tropfen ätherisches Zitronenöl
- → 2 Tropfen ätherisches Limettenöl
- → 2 Tropfen ätherisches Orangenöl

FÜR WÄRMENDES WINTER-MASSAGEÖL
- → 1 EL Kokosöl
- → 8 Tropfen ätherisches Orangenöl
- → 4 Tropfen ätherisches Zimtöl

1. Das Kokosöl in einen kleinen Topf geben und unter Rühren über dem heißen Wasserbad behutsam schmelzen.

2. Die ätherischen Öle hinzugeben und alles gründlich verrühren. Die Mischung kurz abkühlen lassen und das Massageöl am besten sofort verwenden.

So wirkt's

Die ätherischen Öle verstärken die entspannende Wirkung, Minzöl wirkt zusätzlich kühlend. Das Kokosöl als Basis regt die Durchblutung an und sorgt gleichzeitig als natürlicher Feuchtigkeitsspender für eine weiche, geschmeidige Haut. Das Massageöl hält luftdicht verschlossen ca. 6 Monate.

Specials

>> Eat, drink and do more of what makes you happy <<

VERFASSER UNBEKANNT

Where to buy

Alle Zutaten, die du für die Rezepte und Anleitungen in diesem Buch benötigst, bekommst du im gut sortierten Supermarkt, im Reformhaus, im Bioladen, in der Apotheke sowie im Haushaltswarenladen. Wenn du gerne im Internet stöberst oder keinen geeigneten Laden in der Nähe findest, surf doch einmal hier vorbei:

WWW.ALNATURA-SHOP.DE
Der Online-Shop bietet das fast vollständige Sortiment der Kokosprodukte an. Neben Kokosmilch, -öl, -mus, -raspel und -Chips gibt's hier auch Kokosblütensirup sowie Kokos-Reis-Drink, süßes Naschwerk und einige Fertiggerichte mit Kokos.

WWW.DRGOERG.COM
Unter dieser Adresse findest du den Online-Shop für Kokosprodukte von Dr. Goerg. Fast alle Kokosprodukte sind hier in Rohkostqualität erhältlich. Neben Kokosmilch gehören zum Angebot Kokosmehl, -raspel, -flakes, -Chips, -mus, -öl, -wasser sowie Kokosblütenzucker und -sirup. Außerdem gibt es hier auch frische Trinkkokosnüsse oder Kokoskohle.

WWW.KOKOS-GENUSS.DE
Der Online-Versand für Kokosprodukte hat eine sehr große Produktpalette. Wer Kokosöl, -milch, -wasser, -mus, -mehl, -Chips oder -raspel sucht, wird genauso fündig wie für Kokosblütenzucker, Kokosaufstrich, -wein oder -likör. Auch Kosmetikprodukte gehören zum Angebot.

WWW.KOKOSWASSER24.DE
In diesem Shop dreht sich alles um den »Tausendsassa unter den Erfrischungsgetränken«. Neben Infos über Kokoswasser findet sich hier ein kleiner Bestellshop, der reines Kokoswasser und Sorten mit Fruchtzusätzen, Kokosmilch und Coconut Pudding als Dessert anbietet. Die Produktpalette wird regelmäßig erweitert; reinschauen lohnt sich also immer wieder!

WWW.KULAU.DE/ONLINESHOP
Mit seinem Motto »We love coco & more« umreißt der Online-Shop selbst seine Produktpalette, die Bio-Qualität aufweist und aus fairem Handel stammt. In der Rubrik Kokosprodukte werden Kokoswasser, -öl, -mehl, -mus, -Chips, -raspel, Kokosblütenzucker, Trinkkokosnüsse sowie Kokosgewürze und Konfekt angeboten.

WWW.MANNASEIFE.DE
Im Online-Shop der Manna Naturkosmetik wird eine Lanze für natives Kokosöl zur Haut- und Haarpflege gebrochen. Neben entsprechenden Pflegeprodukten findet hier auch ein intensiver Gedankenaustausch der Nutzer in Kommentarform statt.

WWW.MEINEKOSMETIK.DE
Hier bekommst du alle Grundrohstoffe, die du brauchst, um Massageöle und Cremes herstellen zu können (z. B. Kakaobutter, Kokos- und Mandelöl, ätherische Öle etc.). Außerdem bietet der Online-Shop nützliche Utensilien wie Thermometer, kleine Trichter, Flaschen, Tuben, Salbendöschen und vieles mehr.

WWW.NADECO.DE
Im Online-Shop für »natural decorations« findet sich auch ein Sortiment an Kokosnuss-Deko, zum Beispiel Kokosblätter,

Becher, Schalen, Sterne, Herzen oder ganze Kokosnüsse. Auch für draußen gibt es das ein oder andere Produkt, etwa Vogelhäuschen, Palmendach-Elemente für den Balkon, Kokosnetze oder Pflanzgefäße.

WWW.NU3.DE/KOKOS
Der Online-Shop für »intelligent nutrition« verspricht das Beste von der Palme: Kokoswasser, -öl, -mehl, -mus, -raspel, -Chips sowie Kokosblütenzucker und -sirup gehören ebenso zum Sortiment wie Kokos-Riegel oder Konfekt und Schokolade mit Kokosmilch. Viele Produkte gibt es hier in Bio-Qualität.

WWW.OSHADHI.DE/SHOP
Hier kannst du ätherische Öle und Basis-öle aus Bio-Anbau oder Wildsammlung bestellen. Das Angebot bietet große Wahlmöglichkeiten. So gibt es unter anderem acht verschiedene Minzöle, diverse Rosen- und Zimtöle, Kokosfett, Mandelöl, Sheabutter ...

WWW.REISHUNGER.DE
Hier gibt es online Mochi- und Risotto-Reis (zum Teil sogar in Bio-Qualität) sowie Datteln, Pinienkerne, Mandeln, Cashew-kerne, Olivenöl und Kokosmilch.

WWW.SATUREJA-SHOP.DE
Im Online-Shop der »Aromakologin« Gabriele Stark findest du naturbelassene ätherische Öle (z. B. Limetten-, Nanaminz-, Orangen-, Zimtrinden- und Zitronenöl) und Basisöle für die Kosmetikherstellung (z. B. Argan-, Kokos-, Mandelöl, Sheabutter).

WWW.SPINNRAD.DE
Breit gefächerter Online-Shop mit DIY-Zubehör für die Ernährung, Kosmetik und den Haushalt. In der Produktpalette finden sich unter anderem Kokos- und Arganöl, ätherische Öle (z. B. Orangen-, Pfefferminz- und Zitronenöl), Kakaobutter und Natron.

WWW.TROPICAI.COM
Im Online-Shop von Tropicai gibt es eine große Vielfalt an Kokosprodukten in Bio-Qualität. Das Angebot reicht von Kokos-wasser und -öl über Kokosmus, -Chips und -mehl bis hin zu Kokosblütenzucker, -sirup sowie Kokosblüten-Vinaigrette. Wer die Produkte lieber vor Ort kaufen möchte, kann im integrierten Shop-Finder nach einem konkreten Filialhändler suchen.

Links

Mehr über die Autorin Hannah Frey erfährst du unter:

www.projekt-gesund-leben.de
www.facebook.com/ProjektGesundLeben
www.instagram.com/projekt_gesund_leben
twitter.com/hannahfrey
www.pinterest.com/hannah_frey/

Register

Hier sind neben den Rezeptnamen auch einige Hauptzutaten aufgelistet. Vegetarische Rezepte sind farblich hervorgehoben.

A

After-Work-out-Drink 15
Ananas
  Fruity Energy-Balls 98
  Kokos-Ananas-Backmix 82
  Piña-Colada-Pudding mit Chia-Samen 10
Auberginen in Kokossauce 54

B

Baked Bananas, sweet & spicy 78
Baked Chili-Coconut-Polenta 58
Banane
  Dream-Team-Smoothie mit Matcha und Banane 110
  Kaffee-Bananen-Shake 114
  Lovely Blueberry-Cream 108
  Matcha-Nicecream 94
  Schoko-Bananen-Shake 114
  Sweet & Spicy Baked Bananas 78
  Sweet & Spicy Banana-Soup 36
  Trendy Himbeer-Kokos-Smoothie-Bowl 12
Best Body-Butter 101
Better-Day-Rice-Pudding mit Mango-Mohn-Sauce 76
Blueberry-Cream, lovely 108
Blumentöpfe (Dosen-Upcycling) 53
Body-Butter, best 101
Body-Scrub, coconutty 91
Buchweizen: Kokos-Buchwei-zen-Granola 16
Bulletproof Coffee 20

C

Chia-Samen
  Glutenfreies Kokos-Brot mit Frischkäse 18
  Lovely Blueberry-Cream 108
  Piña-Colada-Pudding mit Chia-Samen 10
  Trendy Himbeer-Kokos-Smoothie-Bowl 12
Chili-Coconut-Polenta, baked 58
Chocolate-Coco-Dream-Cream 22
Cocnutty Body-Scrub 91
Coco-Crispy Kürbis-Flamm-kuchen 60
Coco-Onion-Rings, fried 103
Coconut-Curry-Bowl 46
Coconut-Pralinés, snow-white 97
Conditioner (Natürlicher HaargeNuss) 113
Creamy Pilz-Kokos-Risotto 56
Creamy Zucchini-Soup 38
Crunchy Schoko-Kokos-Creme 22
Crusty Salmon mit Mango-chutney 68

D/E

Dark Vanilla-Coconut-Pralinés 96
Dosen-Upcycling 53
Dream-Team-Smoothie mit Matcha und Banane 110
Easy Lemon-Chicken mit scharfem Gurkensalat 66
Easy-Peasy Wirsing-Curry 48
Energy-Balls, fruity 98
Erdbeeren: Tropical Strawberry-Cocktail 116

F

Fisch im Knusperbackteig 70
Fried Coco-Onion-Rings 103
Fruity Energy-Balls 98
Fruity Kokos-Mango-Overnight-Oats 8

G

Garnelen: Karibik-Salat mit Gar-nelen-Kokos-Spieß 32
Glutenfreies Kokos-Brot mit Frischkäse 18

Green-Chickpea-Curry, hot 50
Grilled Peaches mit Kokos-Minz-Joghurt 74
Grünkohl: Dream-Team-Smoothie mit Matcha und Banane 110

H

HaargeNuss, natürlicher 113
Hackfleisch: Meatballs in Kokos-Tomaten-Sauce 64
Haferflocken
  Fruity Kokos-Mango-Over-night-Oats 8
  Kaffee-Bananen-Shake 114
  Kokos-Ananas-Backmix 82
  Kokos-Limetten-Overnight-Oats 8
  Schoko-Bananen-Shake 114
Hähnchen
  Easy Lemon-Chicken mit scharfem Gurkensalat 66
  Thai-Chicken-Coconut-Soup 40
Heidelbeeren: Lovely Blueberry-Cream 108
Himbeer-Kokos-Smoothie-Bowl, trendy 12
Homemade-Kokosmilch 15
Hot Green-Chickpea-Curry 50

K

Kakao
  Chocolate-Coco-Dream-Cream 22
  Schoko-Bananen-Shake 114
  Watermelon-Popsicles 92
Karibik-Salat mit Garnelen-Kokos-Spieß 32
Kartoffel
  Creamy Zucchini-Soup 38
  Easy-Peasy Wirsing-Curry 48
Kichererbsen
  Hot Green-Chickpea-Curry 50
  Kicher-Roasties 104
Kokos-Ananas-Backmix 82
Kokos-Brot, glutenfreies, mit Frischkäse 18
Kokos-Buchweizen-Granola 16

124   Register

Kokos-Chips
Dark Vanilla-Coconut-
Pralinés 96
Karibik-Salat mit Garnelen-
Kokos-Spieß 32
Kokos-Buchweizen-
Granola 16
Lovely Blueberry-Cream 108
Spicy Kokos-Curry-Chips 102
Süße Kokos-Chips 102
Kokos-Cookies 88
Kokos-Curry-Chips, spicy 102
Kokos-Kürbis-Suppe 38
Kokos-Limetten-Overnight-
Oats 8
Kokos-Mango-Overnight-Oats,
Fruity 8
Kokos-Minz-Zahncreme 107
Kokos-Paprika-Sauce 70

Kokosblütensirup
Chocolate-Coco-Dream-
Cream 22
Coconutty Body-Scrub 91
Dark Vanilla-Coconut-Prali-
nés 96
Grilled Peaches mit Kokos-
Minz-Joghurt 74
Kicher-Roasties 104
Karibik-Salat mit Garnelen-Ko-
kos-Spieß 32
Kokos-Ananas-Backmix 82
Kokos-Cookies 88
Summerday-Salad mit Kokos-
blüten-Vinaigrette 30
Sunday-Lime-Cheesecake 84
Süße Kokos-Chips 102
Sweet & Spicy Baked
Bananas 78
Zucchini-Kokos-Muffins 86

Kokosmehl
Coconut-Curry-Bowl 46
Creamy Zucchini-Soup 38
Crusty Salmon mit Mango-
chutney 68
Fisch im Knusperbackteig 70
Fried Coco-Onion-Rings 103
Glutenfreies Kokos-Brot mit
Frischkäse 18
Kokos-Ananas-Backmix 82
Kokos-Cookies 88
Kokos-Paprika-Sauce 70

Kokosmilch
Auberginen in Kokossauce 54
Baked Chili-Coconut-
Polenta 58

Better-Day-Rice-Pudding mit
Mango-Mohn-Sauce 76
Coconut-Curry-Bowl 46
Creamy Pilz-Kokos-Risotto 56
Creamy Zucchini-Soup 38
Dream-Team-Smoothie mit
Matcha und Banane 110
Easy Lemon-Chicken mit
scharfem Gurkensalat 66
Easy-Peasy Wirsing-Curry 48
Fisch im Knusperbackteig 70
Fruity Kokos-Mango-Over-
night-Oats 8
Hot Green-Chickpea-Curry 50
Kaffee-Bananen-Shake 114
Kokos-Limetten-Overnight-
Oats 8
Kokos-Paprika-Sauce 70
Lovely Blueberry-Cream 108
Matcha-Nicecream 94
Meatballs in Kokos-
Tomaten-Sauce 64
Piña-Colada-Pudding mit
Chia-Samen 10
Raw Veggie-Salad mit Kokos-
nussfleisch 28
Schoko-Bananen-Shake 114
Sweet & Spicy Banana-
Soup 36
Thai-Chicken-Coconut-
Soup 40
Trendy Himbeer-Kokos-
Smoothie-Bowl 12
Tropical Strawberry-Cock-
tail 116
Watermelon-Popsicles 92
Zucchini-Kokos-Muffins 86

Kokosmus
Dark Vanilla-Coconut-
Pralinés 96
Kokos-Zwiebel-Schmalz 24
Snow-White Coconut-
Pralinés 97
Sweet & Spicy Baked
Bananas 78

Kokosnussfleisch
Auberginen in Kokossauce 54
Chocolate-Coco-Dream-
Cream 22
Coco-Crispy Kürbis-Flamm-
kuchen 60
Fruity Kokos-Mango-Over-
night-Oats 8
Grilled Peaches mit Kokos-
Minz-Joghurt 74
Homemade-Kokosmilch 15

Karibik-Salat mit Garnelen-
Kokos-Spieß 32
Kokos-Limetten-Over-
night-Oats 8
Matcha-Nicecream 94
Piña-Colada-Pudding mit
Chia-Samen 10
Raw Veggie-Salad mit Kokos-
nussfleisch 28
Trendy Himbeer-Kokos-
Smoothie-Bowl 12

Kokosöl
Auberginen in Kokossauce 54
Baked Chili-Coconut-
Polenta 58
Best Body-Butter 101
Bulletproof Coffee 20
Coconut-Curry-Bowl 46
Coconutty Body-Scrub 91
Creamy Pilz-Kokos-Risotto 56
Creamy Zucchini-Soup 38
Crusty Salmon mit Mango-
chutney 68
Dark Vanilla-Coconut-
Pralinés 96
Easy Lemon-Chicken mit
scharfem Gurkensalat 66
Easy-Peasy Wirsing-Curry 48
Fisch im Knusperbackteig 70
Fried Coco-Onion-Rings 103
Glutenfreies Kokos-Brot mit
Frischkäse 18
Grilled Peaches mit Kokos-
Minz-Joghurt 74
Hot Green-Chickpea-Curry 50
Kicher-Roasties 104
Kokos-Ananas-Backmix 82
Kokos-Buchweizen-
Granola 16
Kokos-Minz-Zahncreme 107
Kokos-Paprika-Sauce 70
Kokos-Zwiebel-Schmalz 24
Matcha-Nicecream 94
Meatballs in Kokos-Tomaten-
Sauce 64
Snow-White Coconut-
Pralinés 97
Spicy Kokos-Curry-Chips 102
Summerday-Salad mit Kokos-
blüten-Vinaigrette 30
Sunday-Lime-Cheesecake 84
Süßkartoffelwedges 70
Sweet & Spicy Baked
Bananas 78
Sweet & Spicy Banana-
Soup 36

Register 125

Thai-Chicken-Coconut-Soup 40
Tropicana Massageöl 119
Zucchini-Kokos-Muffins 86

Kokosraspel
Crunchy Schoko-Kokos-Creme 22
Crusty Salmon mit Mango-chutney 68
Dark Vanilla-Coconut-Pralinés 96
Fruity Energy-Balls 98
Kokos-Ananas-Backmix 82
Kokos-Cookies 88
Snow-White Coconut-Pralinés 97
Sunday-Lime-Cheesecake 84
Zucchini-Kokos-Muffins 86
Kokoswasser: After-Work-out-Drink 15

Kürbis
Coco-Crispy Kürbis-Flamm-kuchen 60
Kokos-Kürbis-Suppe 38

L

Lachs: Crusty Salmon mit Mangochutney 68
Limette
Crusty Salmon mit Mango-chutney 68
Easy Lemon-Chicken mit scharfem Gurkensalat 66
Karibik-Salat mit Garnelen-Kokos-Spieß 32
Matcha-Nicecream 94
Raw Veggie-Salad mit Kokos-nussfleisch 28
Sunday-Lime-Cheesecake 84
Thai-Chicken-Coconut-Soup 40
Tropical Strawberry-Cock-tail 116
Lovely Blueberry-Cream 108

M/N

Maisgrieß: Baked Chili-Coconut-Polenta 58
Mandeln
Glutenfreies Kokos-Brot mit Frischkäse 18
Kokos-Buchweizen-Granola 16

Kokos-Limetten-Over-night-Oats 8
Snow-White Coconut-Pralinés 97
Sweet & Spicy Baked Bananas 78

Mango
Better-Day-Rice-Pudding mit Mango-Mohn-Sauce 76
Crusty Salmon mit Mango-chutney 68
Fruity Kokos-Mango-Over-night-Oats 8
Karibik-Salat mit Garnelen-Kokos-Spieß 32
Meatballs in Kokos-Toma-ten-Sauce 64
Minze: Grilled Peaches mit Kokos-Minz-Joghurt 74

Möhren
Coconut-Curry-Bowl 46
Kokos-Kürbis-Suppe 38
Raw Veggie-Salad mit Kokos-nussfleisch 28
Natürlicher HaargeNuss 113

P/R

Paprika: Kokos-Paprika-Sauce 70
Peaches, grilled, mit Kokos-Minz-Joghurt 74
Piña-Colada-Pudding mit Chia-Samen 10
Raw Veggie-Salad mit Kokos-nussfleisch 28
Rotkohl
Coconut-Curry-Bowl 46
Raw Veggie-Salad mit Kokos-nussfleisch 28

S

Salmon, crusty, mit Mango-chutney 68
Schoko-Bananen-Shake 114
Schoko-Kokos-Creme, Crunchy 22
Snow-White Coconut-Pralinés 97
Spicy Kokos-Curry-Chips 102
Spinat
Hot Green-Chickpea-Curry 50
Watermelon-Popsicles 92

Strawberry-Cocktail, tropical 116
Summerday-Salad mit Kokos-blüten-Vinaigrette 30
Sunday-Lime-Cheesecake 84
Süße Kokos-Chips 102
Süßkartoffel
Coconut-Curry-Bowl 46
Süßkartoffelwedges 70
Sweet & Spicy Banana-Soup 36
Sweet & Spicy Baked Bananas 78
Sweet & Spicy Banana-Soup 36

T

Thai-Chicken-Coconut-Soup 40
Tomaten
Auberginen in Kokossauce 54
Baked Chili-Coconut-Polenta 58
Crusty Salmon mit Mango-chutney 68
Meatballs in Kokos-Tomaten-Sauce 64
Summerday-Salad mit Kokos-blüten-Vinaigrette 30
Zuckerschotensalat 68
Trendy Himbeer-Kokos-Smoo-thie-Bowl 12
Tropical Strawberry-Cocktail 116
Tropicana Massageöl 119

V/W

Vanilla-Coconut-Pralinés, dark 96
Veggie-Salad, raw, mit Kokos-nussfleisch 28
Wassermelone: Watermelon-Popsicles 92
Watermelon-Popsicles 92
Wirsing-Curry, easy-peasy 48

Z

Zucchini
Baked Chili-Coconut-Polenta 58
Creamy Zucchini-Soup 38
Zucchini-Kokos-Muffins 86
Zuckerschotensalat 68

Appetit auf mehr?

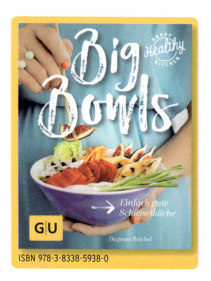

ISBN 978-3-8338-5938-0

ISBN 978-3-8338-5941-0

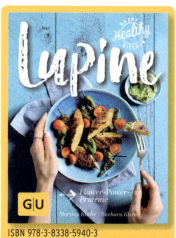

ISBN 978-3-8338-5940-3

e Alle hier vorgestellten Bücher sind auch als eBook erhältlich.

Mehr von GU auf **www.gu.de** und
facebook.com/gu.verlag

G|U

Willkommen im Leben.

Impressum

© 2017 GRÄFE UND UNZER VERLAG GmbH, München

Alle Rechte vorbehalten. Nachdruck, auch auszugsweise, sowie die Verbreitung durch Film, Funk, Fernsehen und Internet, durch fotomechanische Wiedergabe, Tonträger und Datenverarbeitungssysteme jeglicher Art nur mit schriftlicher Genehmigung des Verlages.

Konzept: Marline Ernzer, Stefanie Poziombka
Projektleitung: Marline Ernzer
Lektorat: Bärbel Schermer
Korrektorat: Petra Bachmann
Bildredaktion: Marline Ernzer
Innen- und Umschlaggestaltung: Anzinger und Rasp Kommunikation GmbH, München
Herstellung: Martina Koralewska
Satz: L42 AG, Berlin
Reproduktion: Medienprinzen, München
Druck und Bindung: F+W Druck- und Mediencenter, Kienberg

Printed in Germany
ISBN 978-3-8338-5939-7
1. Auflage 2017

Die GU-Homepage finden Sie unter www.gu.de

www.facebook.com/gu.verlag

DIE AUTORIN

Hannah Frey ist Gesundheitswissenschaftlerin und Ernährungsexpertin. Auf ihrem Blog berichtet sie regelmäßig über die neuesten Trend-Foods und zeigt, wie einfach und lecker gesunde Ernährung ist. Für GU hat sie bereits *Clean Eating Basics* und *Zuckerfrei* geschrieben.

DIE FOTOGRAFIN

Barbara Bonisolli ist eine erfolgreiche Foodfotografin und Kochbuchautorin. Sie lebt seit mehr als 15 Jahren mit Mann und Kindern auf dem Land. Zusammen mit ihrem Team **Zeynep Jansen, Anja Prestel und Alina Neumeier** hat sie alles aus der Kokosnuss herausgeholt und ins rechte Licht gerückt.

BILDNACHWEIS

Alle Fotos: Barbara Bonisolli, München

Titelfoto und U4: Nicky Walsh, Berlin

Weitere Fotos: iStock: S. 6, 35 (o.li+re, u.li.), 44; Shutterstock: S. 2, 34 (li, mi), 35 (re.u.), 62, 120; Stocksy: S. 34 (re)

Illustrationen: Tanja Meyer, Bonn

Ein großes Dankeschön an unsere Handmodels **Lara Schürmann,** Berlin, **Zeynep Jansen, Anja Prestel, Alina Neumeier** und **Barbara Bonisolli,** München.

TITELREZEPT

Karibik-Salat mit Garnelen-Kokos-Spieß (S. 32)

Syndication:
www.seasons.agency

Liebe Leserin, lieber Leser,

haben wir Ihre Erwartungen erfüllt? Sind Sie mit diesem Buch zufrieden? Haben Sie weitere Fragen zu diesem Thema? Wir freuen uns auf Ihre Rückmeldung, auf Lob, Kritik und Anregungen, damit wir für Sie immer besser werden können.

GRÄFE UND UNZER Verlag
Leserservice
Postfach 86 03 13
81630 München
E-Mail:
leserservice@graefe-und-unzer.de

Telefon: 00800 / 72 37 33 33*
Telefax: 00800 / 50 12 05 44*
Mo–Do: 9.00 – 17.00 Uhr
Fr: 9.00 – 16.00 Uhr
(* gebührenfrei in D, A, CH)

Ihr GRÄFE UND UNZER Verlag
Der erste Ratgeberverlag – seit 1722.

Umwelthinweis:
Dieses Buch ist auf PEFC-zertifiziertem Papier aus nachhaltiger Waldwirtschaft gedruckt.

Umschlag: ZanpacTouch

Backofenhinweis:
Die Backzeiten können je nach Herd variieren. Die Temperaturangaben in unseren Rezepten beziehen sich auf das Backen im Elektroherd mit Ober- und Unterhitze und können bei Gasherden oder Backen mit Umluft abweichen. Details entnimmst Du bitte Deiner Gebrauchsanweisung.